档案信息资源建设及服务研究

刘云霞　著

吉林文史出版社

图书在版编目（CIP）数据

档案信息资源建设及服务研究 / 刘云霞著 . -- 长春：
吉林文史出版社 , 2023.11
ISBN 978-7-5472-9971-5

Ⅰ . ①档… Ⅱ . ①刘… Ⅲ . ①档案管理－信息化建设
－研究 Ⅳ . ① G270.7

中国国家版本馆 CIP 数据核字 (2023) 第 206489 号

档案信息资源建设及服务研究
DANGAN XINXI ZIYUAN JIANSHE JI FUWU YANJIU

著　　者：刘云霞
责任编辑：李延勇
出版发行：吉林文史出版社
电　　话：0431-81629369
地　　址：长春市福祉大路 5788 号
邮　　编：130117
网　　址：www.jlws.com.cn
印　　刷：河北万卷印刷有限公司
开　　本：710mm×1000mm 1/16
印　　张：13.75
字　　数：200 千字
版　　次：2023 年 11 月第 1 版
印　　次：2024 年 1 月第 1 次印刷
书　　号：ISBN 978-7-5472-9971-5
定　　价：78.00 元

　　档案信息资源服务是档案工作的一项重要内容，是档案工作与外界互动交流的主要途径，具有很多其他工作环节不具备的特点。一方面，档案信息资源服务是档案工作接受检验的重要途径，档案存在的价值就是记录信息，但是也要避免"藏而不用"，因此使用和利用信息也是很重要的一部分，档案工作本身就带有一定的服务性，至于工作质量如何不能仅仅依靠档案部门内部的评定，还要参考大众对服务的满意度，这也是档案部门提供档案信息资源服务的初衷。另一方面，档案信息资源服务相当于档案工作向外界反馈档案价值的重要渠道，通过它，我们不仅可以了解到社会对档案工作的评价，也可以了解到社会大众的主流需求，从而有利于提高档案的全面性和丰富性。

　　无论事业单位还是其他企业，在经营活动中，档案信息资源服务工作对本单位当前阶段和未来长远的发展都具有重大的现实意义，它是单位内部各项管理工作的重要一环。事业单位的档案是一个事业单位在发展和人才引进、人才转移过程中，各种关系变动的完整记载，档案信息资源服务的意义不单单是本事业单位人事信息的记录，更是一个事业单位内部的文化展现，具有相当重要的应用价值。通过对档案信息资源进行有效的开发和服务，可以显著地增强职工对本单位的认可，使其形成责任意识和归属感。从另一个角度来讲档案是事业单位内部各种信息数据的记录和原始记载，决定了人员变动的信息安全，是事业单位在日常发展和服务过程中，人事变动政策的重要依据。由此可以看出，加强档案信息资源服务和管理，对事业单位的运行具有十分重要的作用。

部分事业单位对档案管理工作与服务工作的关注度不够，在整个经济和社会持续创新发展的背景下，还没有进一步地推动事业单位档案管理工作与服务工作的改革创新，在实际的档案信息资源服务过程中存在诸多问题。因此，需要转变当前的思维，充分利用现代信息技术加强对档案资源的有效开发和利用，在服务过程中应该多角度、全方位思考，注重做好人才队伍建设，创新服务机制、服务模式，确保事业单位的档案信息资源能够被社会大众更好地获取和利用，以此来提高服务质量。

本书共分为六章：第一章为档案数字化技术应用，介绍了档案数字化概述、档案数字化图像检测技术研究、录音录像档案数字化抢救技术研究、人工智能档案数字化技术研究；第二章为数字化档案资源管理与整合，介绍了数字化档案资源管理风险问题及完善，数字化档案资源整合机制概述，数字化档案资源整合的功能、原则与技术；第三章为参与式数字档案资源建设，介绍了参与式数字档案资源建设的含义与特征、参与式数字档案资源建设的困境、参与式数字档案资源建设的模式、参与式数字档案资源建设的策略；第四章为档案信息服务创新，介绍了档案信息服务创新的必要性、数字档案信息服务概述、数字档案信息智慧服务概述、社交媒体在档案信息服务创新中的应用、档案信息服务保障体系的完善；第五章为基于数字人文的档案文化资源开发研究，介绍了数字人文的特点及发展意义、数字人文主义与档案管理的关系、数字人文对档案文化资源开发的影响、数字人文科学视域下档案文化资源的开发；第六章为人事档案数字化建设，介绍了人事档案管理制度的发展与优化、人事档案管理创新技术应用、干部人事档案数字化建设。

由于时间有限，书中难免存在不妥及疏漏之处，敬请读者指正批评。

编者

2023 年 6 月

目 录

第一章　档案数字化技术应用

第一节 档案数字化概述

一、档案数字化的概念

在理论上，档案数字化有狭义与广义之分。狭义的档案数字化，就是把保存在各种媒体中的档案信息，通过计算机输入、转换、处理等多种方式，把文本、图像、录像、声频等转换成由 0 和 1 组成的二进制序列，并将其存储在磁带、光盘等各种实体媒体中的一种过程。归根结底，档案数字化是指将档案从数字形式转化为数字信息形式的过程。在这一过程中，要注意以下三点：一是要以档案为目标；二是数字化的客体一定是以传统载体为基础的以非数字形式存在的档案；三是数字化的全过程就是要将非正规的数据格式转换为电子数据格式。

广义的档案数字化大体上包含以下两项基本条件。一项是目录的数字化管理，也就是把传统人工查阅的纸本目录输入计算机，这样就构成了一个文件目录数据库。另一项是对各种载体、各种记录方式的档案信息进行全面的信息数字化，着重于对纸本档案的信息内容进行全面的信息数字化。全文资料数字化，一般是指以原始资料为基础，通过扫描的方式，将文件中的全文资料一页一页地以图片的形式保存起来，并对其内容进行重建；也可以通过光字符技术对文字进行识别之后，再以文字格式存储，实现全文检索数据的功能。本文中所提到的"档案数字化"，实际上是一种宽泛的概念。

从上述讨论中，我们可以明显地看出档案数字化的两个特点：一是档案数字化与计算机技术相关；二是将其他形式的文件资料转换成数字资料。档案数字化是指利用计算机技术、扫描技术、数据库技术等将传统档案转换成数字化的档案信息的过程。档案数字化的首要目标是使档案的使用和管理更好地与现代信息社会的发展相适应，为满足现代信息社会各级人民对档案信息资料激增的需求，为进一步发展档案的远程利用和便利服务，加快信息检索处理速度，尽量降低由于持续使用而对档案原件（特别是珍贵档案）所可能造成的损坏，妥善保存现存档案，以最大限度地发挥馆藏档案信息资料的优势，促进馆藏档案的综合开发和保护利用。档案数字化的过程主要指的是，运用各种数字化的手段，借助各种设备，根据规范的数字化技术标准，形成各类数字化档案的一个过程。

二、档案数字化发展的重要作用

确保历史资料档案得到妥善保管。档案数字化建设能够有效地提高档案历史资料保管的质量和水平。随着社会经济的快速发展，各种现代化的资料保存技术不断涌现，对珍贵的传统历史资料也能够进行无损保管。例如，对历史悠久且具有丰富文化价值的档案资料，主要采用磁盘、光盘、录像带、纸质材料管理但是由于这些材料非常容易受潮损坏，甚至还会被老鼠等啃食，导致资料信息不够完整，造成档案管理失去意义。因此，必须利用计算机扫描技术，对各种纸质档案、录像带档案进行数字化处理，形成数字化信息文件，它们不仅可以在互联网上快速传播，还能够对原件进行妥善保管，而且数字资料所占的空间比较小，一般只需要一个普通的安全移动硬盘就能够随时随地地存储，使整个历史档案资料管理的效果得到大幅度提升。

提高工作效率和档案管理质量。档案数字化管理能够有效减少人工劳动，确保数字化档案管理更加精确。传统档案管理必须通过人工对历史资料进行编撰，才能整理成册，而通过利用计算机系统，能够快速地对档案信息进行查找和翻阅，将各种文献资料分门别类地存储，提高了资料检索的效率。将档案资料数字化之后，能够上传到互联网，方便用户对数据资料进行查找，不仅省时省力，而且不受时间和空间的限制，能够提高数据资料的利用价值，提高档案管理的服务水平。

为档案编研工作提供充足的依据。在档案管理的过程中，档案管理人员能够利用数字化管理手段，对数据资料进行整理，不用再为立卷工作进行重复劳动，这样就能够极大地减轻档案管理人员的负担，确保其能够有充足的时间和精力对档案信息资源进行开发利用，提高档案资源管理的整体质量，确保文献汇编、数据汇编等工作有效开展。此外，在开展档案管理工作时，也能够有效消除利用方式、利用方法与社会利用需求之间存在的矛盾，提高档案资源利用的效率。充分运用计算机技术，能够保证档案管理的总体质量和管理效果，确保档案发挥出应有的价值。

档案数字化具有非常多的优点。对珍贵的历史文献资料进行自动扫描、自动收集、自动处理，不仅能够形成全新的档案信息形态，还能够将各种载体的档案资料转变为数字化档案信息，而且能够上传至互联网形成计算机档案数据库，从而方便人们及时地对数据资源进行处理，为社会的发展做出重要的贡献。档案数字化是未来发展的必然趋势，也是档案管理、存储和利用的全新变革。档案数字化建设，不仅能够将档案数据资料起草、修改和研发都集中在计算机上进行，使档案管理更加方便快捷，还能够使档案资料更加开放，以便更多人查阅档案资料，能够促进档案管理的局域网和广域网的发展，促使数据信息群快速形成，为更多的人士提供档案服务，满足社会对档案资料的实际需求。

三、档案数字化规范化建设的现况

（一）建立数字化规范化档案的有利条件

1.层次丰富，种类繁多，具有很强的专业性

目前，我国的档案数字化标准在纵向上具有较强的层次性。标准层次结构可以很好地反映出标准化目标间的共性和个性，以及上级和下级之间的相互关系。一般来说，从上到下，共性越来越弱，个性越来越强。与此同时，档案数字化标准的层级结构可以反映出档案数字化工作规范

化管理的准确性，层级越完整，标准体系的灵活性就越强；完整的标准层级结构是档案数字化标准体系对差异性、适应性的重要体现。目前，我国的档案数字化标准体系层次较多，参考的是（ISO 15489-1:2001）《信息与文献 文件管理 第1部分：通则》、（ISO13008:2012）《信息与文献 数字文件（档案）转换和迁移过程》、（ISO/TR 13028:2010）《信息与文献 档案数字化实施指南》等多个国际标准；编制了一批与档案数字化有关的国家、行业标准；各地还结合工作实际，制定了本地的文件数字化标准。现行的档案数字化标准体系，基本上覆盖了国家标准分类的所有层级，对档案数字化标准的适用范围进行了界定，可以很好地防止重复和遗漏，从而达到了不同层次数字化标准的继承和补充，为充分发挥档案数字化标准的制度效果打下了坚实的基础。从横向上看，目前我国档案数字化技术的类型比较多，且具有一定的专业性。本文认为，在我国档案数字化的理论和实践中，存在着许多重复的观念和事实，这些重复的观念和事实，为档案数字化规范的建立提供了材料和先决条件。

　　档案数字化标准的重要内容是，在与各个档案数字化有关机构的协商下，对档案数字化所涉及的术语、概念、原则、技术指标和管理方法等，做出统一的规范，并使之得到有效的执行。例如，《电子档案管理基本术语》，统一了包装、挂接、嵌入等专业术语；《纸质档案数字化规范》《录音录像档案数字化规范》中，都有专门的技术规范，包括纸质文件、录音录像文件的数字化处理。而且，随着现代生产过程越来越现代化、专业化和综合化，一个项目的建设将会涉及多个领域。单一的标准已经无法满足实际需求，档案数字化工作也是如此，比如，业务标准就包括纸质的、录音录像的、缩微胶片的、人事档案和组织机构的档案等多个标准；在文件著录类方面，还制定了多个针对不同专业的行业标准；这些标准不仅包括档案领域的专业知识，还包括信息技术、管理学、微缩摄影技术、术语学等多个领域，在保证档案数字化标准具有一定的特殊性的前提下，实现了多元化的发展。

2.更多的制定主体和更公开的制定和修订过程

标准的制定可以划分为两种类型：一种是编制；另一种是制定标准。一般情况下，它的目的是将已经成熟有效的技术、经验、知识、工作等劳动成果进行固化，这样，在今后的工作中就可以避免重复的技术劳动和知识劳动。研发，顾名思义，就是一种以研究为主的标准制定方法。研发标准的人员，主要是在相关学科或技术领域中具有较深的学术造诣、较强的研究实力的科学家或专家。在研发标准的过程中，往往没有现成的成果可以直接借鉴和依托，因此，在制定标准时，必须将通过研究得到的成果作为支撑。档案数字化标准既有对经验总结固化的编制型标准，也有因为数字化工作牵扯到的现代信息技术等复杂的问题。在制定标准的时候，许多技术问题都是没有经验可供参考的，必须依靠相关的专家来进行研究和制定，因此也有研制型标准。比如《数字档案信息输出到缩微胶片上的技术规范》，由于其技术难度较大，需要有关专家对其进行可行性分析，才能将其列入标准。在档案数字化技术标准上，这种情况较为普遍，所以标准开发的内容也相对较多，这就需要更多的专家和相关部门的经验和智慧。

近几年，随着有关企业和地方档案馆的加入，档案数字化标准的编制范围也在不断扩大，《文书类电子文件元数据方案》的编制范围也在不断扩大。湖南省档案局、国家档案局档案科学技术研究所和湖南琴海数码股份有限公司联合开发了《纸质档案缩微数字一体化技术规范（征求意见稿）》，目前正处于编制阶段。在此基础上，提出了以地方档案馆、企业为主体的档案数字化标准体系的建设思路。我国档案数字化标准的制定与修改，一开始是封闭式的，多为各专业机构与各专业人员共同协作，从而影响了标准的适用性与可操作性；随后，国家档案局规定，任何标准的制定都要以书面形式征询地方档案机构的意见，这样，地方档案机构就标准的内容提出建议，以扩大其适用范围；目前，国家档案局对标准制修定程序进行了改革，将档案标准的制修订计划以及标准草案都公布在国家档案局官网上，公开向社会征求意见，任何单位和个人都可以参与到标准的制修订中。标准制定的首要目标是降低社会日趋复杂的程度，在全体成员达成共识的前提下，最大限度地兼顾各方的利益，让标准化工作获得最大范围的社会效益。所以，在制定标准时，不能只从部分着手，而要从整体上进行优化，否则，所制定的标准的适用性就会非常有限。持续、开放的档案制修订进程，使得在制定档案数字化标准时，能够听到更多人的声音，吸收更多的经验和意见，这样不仅可以提高档案数字化标准的科学性、公开性和透明度，还可以大大扩大标准的适用范围和提高可操作性。

3.规范研究受到关注，经费投入随之加大

2002年，国家档案局发布了《全国档案信息化建设实施纲要》，把档案信息标准化提升到了法治化的高度，并明确指出，要加快档案信息化法律制度的建设，促进与之相适应的有关行政法规的制定与完善，建立健全档案信息化的激励与约束机制，健全档案信息化的标准体系，并对已经颁布的有关地方标准进行了认真的试点，最终形成了国家、行业标准，并向全国推广。由于国家注重档案信息化和数字化的建设，对档案的物质支持比以前更多，所以档案部门对档案数字化规范化建设的投入也相应加大。

4.具有新陈代谢的功能

国际上对标准的认可程度越来越高，档案数字工作和信息技术有着密切的关系，在当今快速发展的经济中，高科技的出现和新产品的更新是一个很大的特点。在其标准化原则中，桑德斯认为，标准的制定不能一蹴而就，一旦制定出来，就必须经过一段时间的固化和执行，并且要在规定的期限内对标准进行复查，如果有需要，还要进行修改。一致性原则认为，一致性只是相对的，而不是绝对的。为此，必须根据社会的实际情况，对数字档案的规范进行动态调整。

国际档案标准往往体现了世界各国对档案事业的普遍要求，许多世界一流的学者和专家是标准制定的主要力量。这些标准吸收了世界上各个国家在这一方面的优秀实践，体现了人类在这一方面的最新成就，具有较高的质量。我们国家一直非常重视国际标准的使用，并把它当作一种主要的技术和经济政策。《中华人民共和国标准化法》于1988年颁布，《采用国际标准管理办法》亦有明文规定：国家应鼓励主动引进国际标准。全国档案工作标准化技术委员会对国际标准的采纳也非常关注。

通过研究可知，主要是与元数据标准、机读目录格式、缩微胶片输出技术等技术类标准有关；而没有使用国际标准的，则是具有较高本地特征的标准，如《组织机构代码数字档案管理标准与技术规范》、《干部人事档案数字化技术规范》。引入国际档案标准，既有利于扩大我国的对外开放，提高我国的国际竞争力，又是一种"低成本"的技术引进，能够将已成熟的技术成果引入我国。

（二）目前我国档案数字化技术的操作规范

档案数字化业务标准主要是为档案数字化各个环节而制定的，为每一个环节都提供了一个标准，保证了各个环节的规范统一、衔接有序。现行的档案数字化业务标准可以分为：专门档案数字化标准、纸质档案数字化标准、缩微胶片档案数字化标准和录音录像档案数字化标准。在这些文件中，专门档案是指干部人事档案和组织机构代码档案。

1.纸本文件的数字化规范

（1）《纸质档案数字化技术规范》

《纸质档案数字化技术规范》（DA/T 31—2005）是我国于2005年4月公布的一项重要文件，共分13章，明确了档案数字化的基本原则、数字化对象的确定原则、过程管理等基本要求，并对档案的扫描、图像处理与存储、数据挂接、目录建库、数据验收等进行了详细阐述，并给出了异地异构的备份方法及数字化成果管理的若干要求。该文件是国内首部文件数字化业务标准，其发布标志着纸质文件数字化技术走向成熟，打破了没有标准可循的局面。

《纸质档案数字化技术规范》的发布，对纸质档案的规范化、科学化发展起到了积极的推动作用。因为纸质档案数字化所依托的信息技术环境已经有了很大的改变，而且相应的管理方式和管理思想也在持续地发展着，所以，国家档案局修改了这一标准，并在2017年8月2日批准了这一标准，从2018年1月1日起正式生效。与2005年版相比，新版本的纸质档案数字化标准更多地从技术标准的角度对纸质档案数字化工作进行规范，更加注重我国纸质档案数字化工作本身的特点，将纸质档案数字化工作的整个过程作为一个整体来考虑，在注重技术标准的同时，增加了更多的管理方面的规范。为此，修订后的标准专门以 DA/T 31—2017《纸质档案数字化规范》（以下简称《数字化规范》）命名，主要做了如下调整：第一，参考的规范性文件从 GB/T 18894—2002《电子文件归档与管理规范》、GB/T 17235.1—1998《信息技术 连续色调静态图像的数字压缩及编码 第1部分：要求和指南》等，改为 GB/T 20530—2006《文献档案资料数字化工作导则》、DA/T1—2000《档案工作基本术语》、DA/T 18—1999《档案著录规则》以及 ISO/TR 13028：2010《信息与文献 档案数字化实施指南》。可见，《数字化规范》的修改是以文件数字化管理标准为导向的，而对 ISO 标准的引用，也说明了我国对文件数字化工作既参考了自己的实践经验，又借鉴了国际上的先进做法。

第二，对纸本文件的组织和管理进行了补充和改进，使其可以更好地适应纸本文件的数字化工作。在《数字化规范》中，增加了"组织和管理"一章，在机构和人员方面、基础设施方面、工作计划方面、工作制度方面、工作流程控制方面、工作文件管理方面以及文件数字化外包方面，都作了较详尽的说明。加强对纸质文件数字化工作的规范化管理，既有利于对电子文件的安全管理，又能保证电子文件数字化工作的质量与效率。

第三，对档案数字化中元数据收集提出了新的要求，以适应时代发展需求。《数字化规范》对元数据的关注程度日益提高，其中，"对数字化工程信息、技术环境和各种数字化技术参数进行元数据存储",同时对元数据要素进行了验证。

第四,对档案扫描参数、影像处理等相关技术规范进行了修订,着重对档案保存原始状态的要求进行了说明。

综上所述,重新修订《纸质档案数字化规范》是一项很有意义的工作,它从实践中的经验和教训出发,从各个方面对其进行了调整,使其更加切合我国的实际需求。

（2）地方性文件的数字化规范

从2000年开始,我国的档案数字化工作就被列入了国家的发展计划之中。由于历史、工作实践等各方面的原因,各个省、市、县（区）和各行业都有不同的地方,因此,在现行的与档案数字化有关的国家标准、行业标准的基础上,制定了与自身工作实际相适应的规范。因为《纸质档案数字化技术规范》是首部文件数字化行业标准,所以,第一个在全国范围内发布的文件数字化行业标准也都是针对纸质文件而制定的。浙江省于2007年颁布的《浙江省省直单位纸质档案数字化实施细则》,较DA/T 31—2005增加了"清晰度""联合照相专家组"等概念,增加了数字化影像名称格式,使之更符合浙江省的实际情况。为了更好地满足当地的需求,各地还根据《省级文件数字化实施办法》,制定了本地的纸质档案数字化技术规范,如《缙云县纸质档案数字化技术规范》《丽水市纸质档案数字化技术规范》。另外,还制定了一系列的地方标准,如《江西省纸质档案数字化管理与技术规范》《海南省纸质档案数字化技术规范（试行）》《湖北省纸质档案数字化操作规程》《广西壮族自治区纸质档案数字化技术要求（试行）》等。

2.音像文件的数字化规范

与纸本文件相比,音像文件是一种"新型"文件,因为它的载体可能采用了不同的录音视频技术和设备,因此,它的数字化对设备和技术的要求要比纸本文件高得多,它的数字化要比纸本文件困难得多。以往,因为标准的缺失，技术和人才的限制，它的数字化速度很慢。国家档案局于 2017 年 8 月 2 日颁布了《录音录像档案数字化规范》（DA/T 62—2017），打破了没有标准可循的局面，为加快数字档案的数字化进程、提高工作效率和实现数字档案资源的共享奠定了基础。

在组织和管理上，在机构和人员、基础结构、工作计划、管理系统，工作流程、文件控制、数字化业务外包等方面，都与《纸质档案数字化规范》相吻合。

因为载体的特殊性质，音像文件有别于传统的纸质文件，因此，在声频视频文件数字化之前，要对其进行文件检验，检验的内容主要包括：载体的外观，声音和图像的质量，载体的编号和类型，以及目录数据库的标识。

在建立数据库时，录音录像文件相对于书面文件，增加了记录数字化项目信息、音视频生成环境、数字化各类技术参数等所需记录的信息的规定。

它是一种有别于传统纸质文档的数据采集、数据处理的技术。本标准明确了信息收集装置的选用、维护、清洗、各类数字技术参数、文档的切分著录、文档的命名、文档的质量检查、文档的还原、声频和视频的处理等内容。

在对数字成果进行验收和返回入库时，在验收内容、验收对象、抽检率、抽检合格率和通过率等方面，与纸质文档基本上都是一致的。

3.专业文件的数字化处理

组织机构代码是指由国家授权的权威管理机关为我国境内依法注册、依法登记的企业、事业单位、机关、社会团体及其他组织，颁发的一个在全国范围内唯一的、始终不变的代码标识。我国于 2012 年发布的《组织机构代码数字档案管理与技术规范》中，对组织机构代码的形成、上报、接收、隔离、审核、修改、存储、备份、迁移、转换、保存、使用、统计等方面作了较为详尽的规定，并对这些内容作了较为详尽的管理。干部人事档案不仅记载着一个人完整而准确的履历，而且也是领导机关全面评价其能力的主要根据，在国家的人事体系中占据着不可取代的地位。

《干部人事档案数字化技术规范》（GB/T 33870—2017）是国家于2017年7月1日颁布并实施的一项国家标准。该技术规范的发布，为各级党政机关和国有企业提供了一个可供参考的标准。《干部人事档案数字化技术规范》共13章，主要内容有：范围、规范性引用文件、术语和定义、基本要求、人员建库、目录建库、档案扫描、图像处理、数据存储、数据验收、数据交换、数据备份、安全管理等。该技术规范除了对数字化处理中的各种技术参数进行规范，还对数字化后的干部人事档案提出了更加严格的验收标准，该技术规范的颁布实施，是对档案信息安全、档案信息共享、档案信息质量的重要保证。

（三）目前档案数字化技术的发展状况

1. 元数据类别标准

元数据指的是有关数据的数据。档案元数据是用来描述数字档案的内容、结构及背景特征的数据，它是一个结构化的标准体系，有助于数字档案信息资源的凭证价值、集成整合与长期保存。数字档案库的元数据标准化问题日益引起人们的关注。目前我国推出的《照片类电子档案元数据方案》《文书类电子文件元数据方案》《录音录像类电子档案元数据方案》中均含有档案数字化的元数据要素。2009年12月16日，国家档案局公布了《文书类电子文件元数据方案》，自2010年6月1日起正式施行。在制定该标准时，参考了多项国际标准（例如ISO 15489-1:2001、ISO 23081系列）和多个国家标准和行业标准，既吸收了国际元数据领域中与我国电子文件元数据管理相适应的部分，也与我国电子文件元数据管理实际情况相结合。该标准对文书类电子文件中的元数据和元数据要素之间的关系进行了定义。

在这个标准中，纸质文档、文档的数字化图像和文本都被归入了办公类的电子文档中，所以对于纸质文档数字化的元数据管理可以参考这个标准。该标准中包括具有数字化特性的扫描颜色模式、数字化对象形态、扫描分辨率、图像压缩方案等元数据要素。《基于 XML 的电子文件封装规范》也在同一年发布，为以封装方式将文档中的元数据包装到文档中奠定了基础。按此标准编制的数据包格式，与电脑的软、硬件无关。但是，这一标准只适用于文字文档和静态图片文档的文档级别的压缩，并不适用于视频、录音等动态文档的压缩。《照片类电子档案元数据方案》于 2014 年发布，对元数据的设计、采集和著录等方面提出了总体要求。所以，对于图片文件的数字化工作，元数据的管理也可以参考这个标准。该标准还对照片类文件数字化处理中的一些元数据要素进行了分析，包括数字化责任信息、数字化时间等。同时，还可参考 2017 年颁布的《录音录像类电子档案元数据方案》，对其进行元数据管理。

2. 数码文件储存介质的规范

随着信息储存技术的不断进步，新的数字文件储存方式也随之出现。从 1999 年起，我国开展了一项关于数字化文件存档的研究工作。在过去的十多年里，国内对电子文件载体进行了广泛的研究，包括电子文件、光学文件和磁文件等。目前，国内主要有 DA/T 38—2008《电子文件归档光盘技术要求和应用规范》和 DA/T 52—2014《档案数字化光盘标识规范》两个标准。《电子文件归档光盘技术要求和应用规范》的颁布，将其技术标准提高到了档案库的更高层次。文件资料的长久、安全保存与数字文件的储存介质有关。存储器级别的碟片，是一种在使用寿命上超过行业标准，并且在使用寿命上有特殊要求的碟片。所以，DA/T 38—2008 不但对文件级光碟的规格作了明确的规定，而且对其制作所需的原材料、加工工艺以及出厂后的检验都作了明确的规定。另外，还对存档光盘的贴标、数据的刻录、存档光盘的检查与备份、存档光盘的使用、保存以及存档的环境等方面进行了具体的规定。《档案数字化光盘标识规范》（DA/T 52—2014）对档案数字化光碟的盘盒纸及盘面进行了标识，并对全国各级档案馆、档案室的档案数字化光碟的生产具有一定的指导意义。该标准共分七章，包括范围、规范性引用文件、术语和定义、盘盒纸规格、标识内容、标识填写细则和填写要求。该规范是一套统一的、符合国家要求的、能使国家档案数字光盘得以有效保存的标准。

3.长期保管数码文件的准则

由于数字文件的载体是脆弱的，它依赖于电脑的软件和硬件，这就决定了数字文件的保护不能只从载体上进行。在对电子文档进行长时间、高质量、高安全性的工作时，需要对其进行异构备份。数码资料的微缩影片输出技术是其中的关键技术。为此，国家制定了三个关于非同构数字档案信息的工业标准：《数字档案信息输出到缩微胶片上的技术规范》《特殊和超大尺寸纸质档案数字图像输出到缩微胶片上的技术规范》《数字档案 COM 和 COLD 技术规范》。《数字档案信息输出到缩微胶片上的技术规范》是在 2006 年由国家档案局档案科学技术研究所提交的一项课题，该课题得到了全国档案工作标准化技术委员会的批准，并于 2010 年 1 月 1 日起正式施行。

《特殊和超大尺寸纸质档案数字图像输出到缩微胶片上的技术规范》是 2012 年 11 月 15 日由国家档案局公布的一份文件。该标准是对特殊、超大尺寸纸本文件进行数字化处理后所得到的数码影像进行处理，并对特殊、超大尺寸纸本文件在 35 毫米胶卷上进行数码影像处理，提出了通用要求。该标准共七章，对标板的定义以及数字档案缩微品的制作进行了阐述，对缩率、分幅、编排、输出、冲洗、质量要求进行了详细的规定。

2014 年 12 月 31 日由国家档案局发布的《数字档案 COM 和 COLD 技术规范》，从 2015 年 8 月 1 日起正式施行。该标准适用于文字、图形和图像等形式的数字档案，而不适用声频、视频、三维图形、动态图像等形式的数字档案。采用 COM 和 COLD 技术，把数字档案及其有关数据同时输出到缩微胶片和光盘中，生成两组互相联系的产品并保存，从而确保了数字档案可以长久、安全、高效地保存。该标准规定了数字档案的 COM、COLD 等主要技术指标。

4. 文件资料库的有关标准

（1）文件 MRAC 编目格式

《中国档案机读目录格式》（GB/T 20163—2006）于 2006 年发布，是一项对国内档案目录库建设起到了很大作用的 MARC 标准。该标准为我国提供了与文件计算机读取目录格式兼容的国际和国家标准，以及各字段编码的字段描述、字段名、字段定义、出现请求、指示符、子字段表和子字段描述、字段注释及相关内容，这些内容适用于创建文件目录数据库，适用于文件目录数据库的处理和交换。从某种意义上说，改变了当时国内文件机读编目格式混乱，产生的文件资料质量较差的状况，为文件机读编目提供了保障。

（2）《档案关系型数据库转换为 XML 文件的技术规范》

文献资料库既是文献资料的储存之道，又是文献资料的检索与利用之基。过去，在对档案进行管理时，采用传统的关系数据库，由于档案数据收集的结构和组织之间的差异，例如字段名、字段类型、字段长度，或文件管理系统在硬件和软件上的差异，导致档案数据库无法实现档案信息资源共享和访问。XML 是一种可扩展的元语言，其功能是无限的。在文件管理中使用 XML，根据某些特定的情形，可以把它当作一个小型的、含有多个信息的数据库来存储文件信息。而且，这使得通过 XML 进行抽取的数据库，可以避免传统数据库中因数据库之间的差异而带来的数据传输问题。《档案关系型数据库转换为 XML 文件的技术规范》（DA/T 57—2014）从文件的"格式化""不与软硬件绑定""文件自包含""格式自描述""连续可解释""可转换"等基本原则出发，对其向 XML 文件的转换，提出了"格式化""不与软硬件绑定""文件自包含""格式自描述""连续可解释""可转换"等基本原则。该标准包括转换策略、数据库元数据的层次模型、元数据元素及描述方法、数据库层元数据元素的描述、数据分区元数据元素的描述、数据表元数据元素的描述、数据列元数据元素的描述等。

5.档案馆数字化技术规范特征

文件数字化技术规范是文件数字化业务规范在技术上的体现。

第一，技术规范的层次比较单一。笔者认为，目前我国档案数字化领域的技术标准主要为行业标准，14 项技术标准中有 13 项为行业标准。这与技术标准的特征有一定的联系，因为大部分的档案数字化业务标准都是行业标准，而技术标准是业务标准的技术实现，与业务标准有着密切的联系，所以，在标准层级上，技术标准也主要表现为行业标准。

第二，标准的内容侧重于新的领域。档案的数字化工作离不开新技术的支撑，其中最重要的就是如何实现异质性保存和长期保存。例如，采用网络与存储的异构备份技术，将数字文件信息输入到微缩底片上的技术，以及光学字符识别的 OCR 技术，等等。这一系列的规范与档案的数字化建设有着紧密的联系。

第三，大量的技术标准，大大提高了制定规范的效率。从 2008 年起，我国的档案数字化技术标准得到了快速的发展，从 2008 年到 2017 年，10 年时间里，发布了 10 项技术标准，平均每年出版一本。在此基础上，本文提出了一种新的、更高水平的数字档案技术标准。

第四，与外部连接、配套的技术标准。在 14 个已公布的文件数字化技术标准中，参考标准总数为 151 个，13 个参考技术标准均为参考文献，占 92.9%；并且，在 13 个技术标准中，有 22 个被参考，占全部参考标准的 14.6%。

四、档案数字化服务现状

（一）档案数字化服务需求旺盛

政策引导激发档案数字化市场需求。2022 年作为"十四五"规划的关键之年，各行各业数字化转型稳步推进，国家和各地档案事业发展规划为档案数字化服务的发展提供了指引。国家层面，强调加快档案资源数字化转型，继续做好"存量数字化"，中央和国家机关、中央企业总部传统载体档案数字化率分别达到80%、90%，全国县级以上综合档案馆档案数字化率达到80%。另外，还要求加快推进对重要档案数字化成果进行文字识别和语音识别。地方层面，除了实现县级以上综合档案馆档案数字化率达到80%的目标，各地还普遍提高了各类档案的数字化率。

业务驱动档案数字化现实需求。首先，从各地档案数字化服务采购情况来看，市场份额的大小是档案数字化服务需求程度高低的直接体现。2022年全国各地政府采购档案数字化服务市场份额达到了10.27亿元，平均每个地区采购31.3个项目，平均采购金额3423.28万元。各地市场级别如下：广东、福建、北京为1亿元以上级别；山东为8000万元级别；四川、黑龙江、上海为5000万元级别；陕西、江西为4000万元级别；广西为3000万元级别；河北、内蒙古、甘肃为2000万元级别；湖北、贵州、山西、辽宁、海南、吉林、宁夏为1000万元级别；其余地区为1000万元以下级别。

其次，从档案数字化服务采购方及其采购项目数量来看，档案数字化服务采购方主要包括档案部门、公安部门、检察院、法院、高校、人力资源和社会保障部门、自然资源规划部门、组织部门等36个类别。

最后，从档案数字化服务涉及档案类型和需求来看，档案数字化所涉及档案类型主要包含人事档案、户籍档案、法院诉讼档案、不动产档案、扶贫档案和海关档案等56种。其中，人事档案、法院诉讼档案等是数字化需求最多的类型。档案数字化服务需求以档案数字化扫描加工为核心，包含档案整理、修复、校对、挂接等内容，档案数字化技术咨询、档案数字化监理、数字档案馆（室）建设也成为档案数字化服务的重要内容。

（二）档案数字化服务供应商多元

1.档案数字化服务供应商的特点

调查显示，2022年全国各地政府采购中提供档案数字化服务的供应商共有476家。供应商呈现出多样性、行业性、专业性的特点。多样性体现为，供应商既有非国有企业、国有企业，也有科研院所。例如，法律咨询服务公司、情报信息研究中心、勘察测绘研究院等。行业性体现为，供应商既分布在专门承担档案外包服务的档案行业，也广泛分布在人力资源服务行业、通信行业、法律服务行业、软件行业。专业性体现为，供应商具备承揽档案数字化服务的专业资质和专业人才。

2.档案数字化服务供应商多元的原因

档案数字化服务行业中，越来越多性质不同、核心业务不同的供应商从事档案数字化服务工作。其主要原因是档案数字化市场开放程度高。不同类型档案的形成特点、涉密程度、形成过程、管理方式等存在差异，为供应商多元参与档案数字化服务提供了机遇，产生了专门从事人事档案、法院诉讼档案、户籍档案等专门档案数字化服务的供应商。例如，人力资源服务企业长于人事档案数字化服务，律师事务所精于法院诉讼档案数字化服务。此外，档案数字化服务门槛较低，仅有少部分档案数字化服务需要专门资质和技术，档案数字化需求也逐渐细分，市场开放程度较高，越来越多类型的供应商加入档案数字化服务行业中。

（三）档案数字化服务标准规范日趋完善

1.国家层面

国家层面，通用性标准已经完备。例如，《干部人事档案数字化技术规范》(GB/T 33870—2017)明确了干部人事档案数字化的技术要求;《纸质档案数字化规范》(DA/T 31—2017)明确了纸质档案数字化的基本环节。2020年《档案服务外包工作规范 第2部分：档案数字化服务》(DA/T 68.2—2020)规定了档案数字化服务外包工作中的发包方工作规范、承包方工作规范、信用评价与质量监督工作规范。2022年国家档案局还出台《实物档案数字化规范》(DA/T 89—2022)、《档案仿真复制工作规范》(DA/T 90—2022）两项档案数字化标准。

2.地方层面

地方层面，地方性标准逐步完善。部分地区围绕档案事业发展的重点，出台专门的档案数字化标准和规范。四川省成都市出台了《成都市社会人才人事档案影像扫描业务工作标准》《成都市社会人才人事档案纸质档案规范整理业务工作标准》等标准规范。广东省围绕户籍档案出台了数字化加工、电子化管理、信息管理数据标准等规范。福建省出台了地方标准《档案数字化操作规程纸质档案》(DB35/T 1856—2019)，编制了《档案数字化工作手册》。

3.行业层面

档案数字化服务标准规范具有行业性的特点，形成了针对户籍档案、法院诉讼档案、建设项目档案、住房公积金业务数据档案、人事档案、高校档案、会计档案等各类型档案，制定了包括国家、地方及部门三个层级的行业性标准规范。例如，为规范流动人员人事档案数字化服务工作，东莞市东城街道流动人员人事档案数字化项目的服务依据包括2部法律、3项国家标准、5项行业标准、9份部门规章。

（四）档案数字化服务发展成效显著

档案数字化助力数字档案资源建设。对馆藏不同类型档案的数字化，有效优化了数字档案资源的结构、增加了数字档案资源的数量，为数字档案资源建设提供了保障。另外，同步接收数字化档案进馆，可减轻档案数字化工作负担，提高数字档案资源建设效率。福建省南平市档案馆2022年接收新冠疫情防控数字化成果共计39.79GB，新冠疫情防控档案专题数据库建成率达86.36%。数字档案资源建设也是助力档案服务升级的关键。通过高效率推进档案数字化改革，推动档案业务流程数字化、智能化改造，加快档案资源的数字化应用和业务升级。

档案数字化提高档案服务效能。加快档案数字化，有助于提高档案信息化水平，提高档案服务效能。将利用率高的档案或者即时产生的业务档案予以数字化，可加快机构业务流程，便于档案利用。档案数字化还有助于推动档案信息互联互通，丰富档案服务渠道，实现 App、政务服务网、网上服务大厅等全渠道服务。档案数字化的成果，可通过全国性、区域性、专门性档案查询平台提供服务，有效提高档案部门的服务效能，实现"让档案数据多跑路，让群众少跑腿"。福建省南平市档案馆提供的"一站式"跨馆查档服务，"异地查档、跨馆服务"从省内辐射到江西、浙江等地，业务量较去年同期增长 28%，群众满意度达 100%。

　　档案数字化推动政务服务数字化转型。档案数字化有效加快了档案信息建设的步伐，是政务服务数字化转型的基础。实现数字档案管理平台与政府网上办事平台、一体化协同办公平台的对接，是数字政府、数字中国建设的重要内容。将综合档案馆"数字档案馆"项目纳入地方政府信息化项目建设规划，可为数字政府建设提供支持。浙江省通过加快省、市、县（区）三级综合档案馆数据归集共享利用，推广应用馆室一体化虚拟档案室系统，持续深化档案管理、编研、资政的智慧化、高效化，逐步构建全省档案馆系统数据信息全流程闭环管理机制，有力地推进了数字档案馆、数字档案室建设，更好地服务数字中国建设。

五、档案馆的数字化发展策略

　　《"十四五"全国档案事业发展规划》从"档案管理效能"、"档案资源建设"、"档案服务"、"档案安全防线"、"档案数字化"、"档案科技创新"和"档案人才队伍" 7 个方面论述了新时期档案工作的发展目标。在档案数字化建设中，提出了到 2035 年"实现档案工作向数字化转变"的总体目标。当前，档案资源的数字化、档案利用的体系化、档案管理的智能化是档案改革的发展方向。

　　1.档案资料的数位化

　　在新时期，档案数字化战略转型的一项重要内容，同时也是提高档案数字治理效能的一个关键环节，那就是档案资源的数字化转型。这是在新科技条件下，实现档案智慧化开发利用的必由之路，更是提高档案服务效能、创新档案利用方式的一条重要途径。为完成这项工作，《"十四五"全国档案事业发展规划》从政策制定到标准建设，从"增量"到"存量"的转变，对档案工作进行了明确和细化。文件还提出了推动我国档案馆数字化建设的几点建议。山东省在推动档案收集、扩大数据库等方面，已取得了明显的成绩，首先，按照信息时代的要求，对馆藏档案进行了大规模的数字化，使其与图书目录数据库、全文、音像数据库、图片等相结合，实现了数字化、智能化。其次，推动"增量电子化"，将档案信息转移到网上，搭建"云端"的沟通桥梁，制定了《山东省省直机关电子档案进馆办法》，对电子档案的数据需求、收集范围和接收方式进行了规定，对电子档案的转移和接收进行了规范。这个举措在各行业中起到了引领作用。

2.文件的系统化使用

推动档案平台的体系化升级改造，是建立和完善档案资源利用系统，实现档案利用服务的网络化的先导。档案管理部门在主管部门的领导下，认真抓好数字档案馆（室）的创建工作，构建集收、管、存、用等于一体的互联互通平台，在软件建设方面做好数字化和系统化的平台支持。《"十四五"全国档案事业发展规划》提出，"推进机关、团体、企业事业单位和其他组织建设与业务系统相互衔接的电子档案管理信息系统"，加快推进档案数字化、信息化、智能化。"各省（自治区、直辖市）综合档案馆加强本区域档案信息资源共享平台的建设，实现本区域各级综合档案馆互联胡同。"山东省数字档案馆对其体系结构进行了科学的设计，以"一岛"为基础，以"离线入馆"为核心，以局域网、互联网、政务外网、政务内网为核心构建了以"四网"为核心的数字档案应用平台，并以"一库"为核心，构建了"四网一岛一库"核心体系，这是山东省数字档案馆在档案数字化改造方面的先导和不断完善的一次创新性的探索和实践。

3.档案管理的智能化

聚焦于档案管理的智能化，探讨数字化成果在档案智能化管理中的应用，这与我国数字产业化和产业数字化的发展大势相吻合，与档案工作的智慧化发展的前沿脉络相吻合，对完善档案工作的管控手段，加强档案数据治理，推动档案工作的转型升级，实现档案管理从数据到智慧的智能化变革，有着重要的现实意义。《"十四五"全国档案事业发展规划》提出，要完善"互联网＋档案管理"，提高档案管理的网络化、智能化和精细化水平，加强大数据和人工智能等技术的运用。

第二节　档案数字化图像检测技术研究

一、档案图像资料的数字化加工

（一）图像压缩与存储的共同标准

图像压缩的机制就是在保证图像高品质的前提下，通过一种数学方法，将图像中所包含的信息量降至最低。而对图像进行压缩保存的方法有很多种，在目前的文件管理中，常用的格式有以下几种。

1. TIFF

这种格式的图片可以存储大量数据，单个像素最多可以存储 32 比特，一般最常用的是 24 比特。最开始的时候，TIFF 是为了将扫描得到的图像用不同的方式打印出来，所以 TIFF 更适用于存储原始图像。TIFF格式可以与 RGB 模式或者 CMYK 模式相结合，因此，TIFF 图像在呈现和打印上都能保证较高的质量，尤其是在设计和打印方面，TIFF 数据格式的应用范围很广，质量也很好。TIFF 能存储彩色图像，并能存储 256个等级的灰度图，同时也能存储 CCITTG4 编码的黑白图像。TIFF 也可以用 JPEG 格式来存储有损压缩后的图像，但是这种图像的存储方式与 JPEG 格式并无太大的区别，因此，它的应用范围很窄。

2. JPEG

JPEG 是目前网络上应用最广泛的一种图像格式，也是目前应用最广泛的一种图像存储格式。JPEG 也是一种更有弹性的储存影像的格式，它能通过不同品质的影像来进行不同程度的放大。JPEG 采用了一种有损失的压缩算法，这样，在放大时就能看得更清楚，对于高性能的印刷来说，质量也会有不同。所以，JPEG 并不适合作为高质量图像出原图的保存格式，但是因为它的压缩倍率较高，所以在网络上更合适。通常情况下，用 JPEG 格式将原件压缩 15~20 倍，也能得到很好的视觉效果。

3. JPEG 2000

JPEG 2000 作为 JPEG 的升级版，在压缩比上比 JPEG 提高了约 30%，并且可以进行无损压缩。JPEG 2000 格式有一个很重要的特点，就是能够达到渐进传递，即先传送原图的轮廓，再逐步传送信息，进一步提高图像质量，使图像从模糊到清晰。此外，JPEG 2000 还具有"兴趣区"功能，可对所关注的图像进行压缩，并可选择特定的区域进行优先压缩。JPEG 2000 比 JPEG 更具优势，而且具有较低的兼容性，可以取代以前的 JPEG。JPEG 2000 不但可以用在诸如扫描仪、数字照相机等传统 JPEG 环境中，也可以用在诸如因特网传输、无线通信等新的环境中。

4. PDF 和 OFD

PDF 是由美国 Adobe 公司于 1993 年开发出来的一种格式，目前已经成为国际上的标准格式。OFD 是按照国家工业和信息化部组织创建的电子文件保存，与文件交换格式作业组版式文件编制组所建立的版式文件标准所生成的一种版式文件格式。这两种格式都不是专用的图像压缩存储格式，它们只是将已有的图像数据进行归并和组织，形成一个完整的图像文件。利用版面文档进行信息图像的管理：首先，将一份文件的信息合并为一份计算机文档，便于用户浏览与传输；其次，利用 OCR 技术，可以将数据转换成两个 PDF 或者两个 OFD，从而实现对数据的快速检索。

（二）档案影像资料的信息化处理

在完成档案信息化之后，要按照不同的使用模式，将其分成三个层级，即储存层、应用层以及索引层，来对信息图像进行处理，它们分别用于进行图像的保存和再生、网络使用与图像索引。

储存层将纸质档案信息化的原始成果图片进行保存，利用现有的通用软件，可以将原始的图像信息进行高质量的保存，并可以利用现有的硬拷贝设备进行还原。这一层级的技术要求不但要考虑到已有的软件、硬件设备以及存储设备的限制，而且要在更高的品质层面上保证重放品质。另外，这一层级不需要进行实时应用，这样就可以利用现有的设备进行预处理，处理时间很长。在图像格式方面，由于信息化处理极大地消耗了原始图像资料，因此在存储格式上必须采用无损压缩的信息格式，而采用无损压缩的 TIFF 格式能够完全再现目前处理的信息化图像资料。

应用层侧重于网络传输和计算机应用。目前的网络传输带宽和电脑的投入产出能力是确定这一层级的一个重要基础。另外，这一层级是一个中间层级，可根据未来网络与电脑的功能发展重新界定，以满足更高层级的应用需求。因为这一层级的影像资讯来自储存层的资料，所以它的影像资讯准则最大值为储存层的准则。目前，网上最常用的存储格式是 JPEG，因此，我们选择了 JPEG 作为应用层图片的存储格式。从实际工作中可以看出，目前在网络中传输的单个图像数据，其容量最好不要超过 1 MB，否则会导致传输时间偏长。

索引层是为网页浏览导航、介绍、索引库等功能而设置的，它的设置必须在满足索引应用需求的前提下，尽可能地减少科学资源的占用。这一层级经过定义之后，其形式就相对固定了，一般情况下，不会在应用中发生变化。索引层是一种普通意义上的拇指图，对数据的要求不会很高，所以一般选择最大图像规格为 200 个像素的 JPEG 格式来存储索引层数据。

二、档案数字图像检测技术的使用

（一）文件数字图像的自动识别技术

档案数字化自 20 世纪 80 年代被提出来以后，随着档案事业的不断发展，已经进入了一个全方位的发展阶段。最早的一种档案数字化方式，就是把纸质书目转换为电子书目，利用档案系统来实现档案的电子化管理。随着对档案的使用要求越来越高，单纯的编目已经无法满足需求，因此，各级政府和企事业单位都在积极地进行着库存的纸质文件的数字化工作。通过扫描并检查纸质文档，然后将文档按目录挂到档案系统中。它的优点是：能够提高文献检索的效率，使文献的全文检索成为可能；在需要时，可以先查阅文件系统，减少实物文件的借阅次数，以利于文件的保护。同时，为了确保电子文件的正确性，必须对其进行严格的程序管理与质量控制。按照 2017 年 8 月 2 日国家档案局发布并于 2018 年 1 月 1 日开始施行的《纸质档案数字化规范》中的规定，扫描分辨率不小于 200 dpi；文字小而密集，清晰度不高的情况下，最好是 300 dpi 以上。在确定扫描分辨率时，要注意图像的清晰和完整，还要考虑到图像的后处理方法。如有 COM 输出、模拟拷贝、印刷和发表等其他应用，可以按需调节扫描分辨率。对于要求输出 COM 格式的文件，建议扫描分辨率不小于 300 dpi；对于要求具有高准确度模拟拷贝的文件，其扫描分辨率建议不小于 600 dpi；对于需要印刷出版的文件，应根据文件的幅面、印刷出版的幅面和印刷精度要求，选用适当的分辨率。另外，文件中的数码影像，可以采用 TIFF、JPEG、JPEG 2000 等一般格式进行长期存档，并且可以根据具体的使用要求来确定影像的压缩比。

《纸质档案数字化规范》明确指出，电子档案数字化成果的验收工作，应当通过电脑自动检查和手工检查两种方法来完成。数字化影像的验收内容包括影像的数字化参数、储存路径、名称的正确性、影像的完整度、次序的正确性、影像的品质等。在现实的工作过程中，在对图像质量进行检测的过程中，因为图像的数量非常多，所以，如果使用手工的方法，就会消耗大量的人力、物力一个个地进行检查，所以，数字化验收部门就必须按照要求，开发出一套自动化的图像质量检测工具。

图像分辨率是指图像中存储的信息量，常用的计算方式是每 2.54 cm（每英寸）的像素数，单位为 PPI，它决定着图像细节的精细程度，分辨率越高，含有的像素数越多，图像就越清晰，可以表现出越丰富的细节，打印质量也就越好。但是，高分辨率的文件越大，所占用的内存也就越多。在不改变图片大小的情况下，把图片的分辨率提升一倍，它的档案大小就会增加 4 倍。因此，在成像过程中，应根据影像的最终使用情况来确定其适当的分辨率。

图像压缩是用最小比特率损失或非破坏性地表现原始图像的一种方法，又称为图像编码。JPEG 是目前应用最广泛的一种图像格式，它是一种有损压缩的格式。如果采用太大的压缩比，在最后的解压过程中，会使得还原出来的图像质量大大下降。在实际应用过程中，通过实验，我们发现当压缩比大于 90% 时，图像具有较高的质量且占用的存储空间较少，所以，我们选择了 90% 的压缩比（精度）作为图像质量的衡量标准。

影像的纵、横分辨率特性，可透过视窗来显示，不过要花费不少的人力、物力。至于图像的压缩比和精确度，就不能用系统自带的属性来观察了，必须用特殊的图像处理工具来采集。Image Magick 图片处理是一套功能强大、稳定、免费开源的工具集和开发包，它可以用来读、写和处理超过 90 种的图片文件，其中包含了流行的 TIFF、JPEG、GIF、PNG、PDF 以及 Photo CD 等格式。

算法的基本思想是：对输入的文件路径，遍历搜索该路径下的所有文件（含子文件夹），并对结果文件进行筛选，将图片文件存储到数据集，然后对数据集上的所有文件读取图像属性信息，并将其写入 CSV 文件。

利用所研制的软件，可实现对被测影像文件的大量阅读，实现对被测影像文件的自动检测。打开成果档案，可以进行品质检查和尺寸统计。例如，党的群像资料中有 38.1 个字节的 40363 幅图像。人工打开一个个文件去查看图像分辨率，假定一个文件夹包含 10 个文件，查看一个文件夹并切换到其他文件夹平均需要 30 秒，对于图像总数量为 40363 幅的项目，手动查看其分辨率需要 34 小时，并且无法准确记录分辨率不符合要求的图像。在普通计算机上进行测试的结果表明，对于相同的数据集，小工具需要 67 分钟才能将全部结果写入 CSV 文件，然后用编程的方式，让程序进行自动检测，这样可以节省大量的人力成本。在实践中，高校档案的数字化扫描工作一年要完成 10 万多张，利用这个小工具，既能提高工程验收的精度，又能提高验收的效率。

（二）文件数字图像的歪斜探测

《纸质档案数字化规范》中指出，对与阅读方向不符的数字图像，应当进行旋转恢复；对有偏差的图像，应当进行纠正，使其在视觉上没有偏差。所以，在文件扫描验收时，必须对影像倾斜角度进行自动探测。

以霍夫变换为基础。霍夫变换是 Paul Hough 在 1962 年提出的一种新方法，该方法将图像空间转换成参数空间，并在参数空间上求取各曲线的峰交，从而得到像面倾斜角度。

以直线为基础。由于某些文字影像中含有多条直线，这些直线与影像的倾斜度相同或正交，故可由其直线方程式求出影像的倾斜角度。

文本子域分析法。文字影像可被分割成若干个具有与影像方向相平行或相垂直边界的矩形文字子区域。利用矩形文本的子域边界公式，即可求出影像的倾斜角度。

传统的纸质文件扫描资料，以文字和表格为主，色彩分辨率低，结构复杂，很少有照片。在单纯文本文件中，由于很少有直线，所以采用以直线为基础的方法是不太有效的。另外，一些有价值的老文件因年代较长而有边角缺失，不能对其进行精确的分区。该算法对文字行距进行了严格的划分，但在暗背景或包含复杂文字的图片中，其准确率不高。

基于霍夫变换的算法具有较高的精度和广泛的应用范围，但其计算量较大。在此基础上，综合各种方法的优点和不足，笔者选择了以霍夫变换为基础的档案图像的倾斜检测。同时，通过对图像的扩展，使待变换对象的面积变得更小，从而减少了算法的计算量。

霍夫变换将图像空间转换为参数空间，并将其转换为参数空间中的点，从而使其成为参数空间中的曲线，进而使其与参数空间中的多条曲线的相交相对应。将文本图像中的文本线视为多条直线，通过在霍夫变换后的参数空间中的累计统计，寻找一个累积器峰值的方法，来对这些直线进行检测，进而得到图像的倾斜角度。

霍夫变换精度较高，但若转换为文字图像，则会产生较大的计算量。因此，在具体的实现过程中，首先需要对文字图像进行扩展，使相邻连续的文字连成一条线。在对图像进行放大之后，再对图像中的图像进行边缘提取，仅对图像中的边缘点做霍夫变换即可得到图像的倾斜角度。

请输入：被侦测影像的路径，以及储存影像的结果档案的路径。

输出：包含影像资料及倾角的 CSV 档案。

步骤：读入被侦测影像的路径，然后读入此路径下的影像档案。对于每个图片文件：展开，使不连续的字符连接在一起，使线条识别更加容易；利用霍夫变换对边界点进行处理，找出最大值；求出相应的最长线及相应的最大角；输出带有倾角的影像资讯，并将其记录到 CSV 档案中。待全部影像档案读取完毕，将 CSV 档案输出。

第三节　录音录像档案数字化抢救技术研究

一、建立录音录像文件的数字化标准

在数字化以前，录音录像文件都是由模拟信号构成的，并且依靠特殊的阅读器。随着岁月的流逝，由于各种原因，如自然老化、保存条件等，录音、录像文件都在缓慢地发生着损伤。同时，随着科技的进步，许多阅读器都被淘汰了。这种珍贵的文献资料若得不到有效的挽救，将给国家、社会造成无法弥补的损失。因此，将传统的读取技术与计算机等数字技术相结合，将录音录像文件进行数字化，形成数字档案资源，进而对宝贵的档案资源进行抢救和保护，并提供便利高效的使用，已成为一种必然的趋势。

然而，目前我国录音录像文件的数字化在实际应用中还存在很多问题，主要表现为技术水平不高，标准化程度不高。录音录像文件种类繁多，对技术要求高，因此，与传统的纸质文件相比，录音录像文件的数字化技术和管理方法更加复杂。录音录像文件的载体类型多种多样，具体有：开盘式录音带、盒式录音带、钢丝磁带、唱片、录像带等，按照不同的技术规范，每一种载体类型都可以被划分成不同的种类。录音录像文件在不同的载体和技术指标下，需要不同的阅读设备，这给其数字化工作带来了很大的困难。由于各档案馆所使用的录音录像文件的数字化技术规范不一致，电子文件的质量难以得到保障，同时，存储方式和格式的不一致，给电子文件的存储、交换、利用等各方面带来负面影响，这使得对录音录像文件进行数字化处理变得非常困难。为此，2012年，国家档案局技术部、国家档案局档案科学技术研究所等部门和单位共同提交了申请，全国档案工作标准化技术委员会考虑并批准了该项目，该

项目被用来制定录音录像档案数字化规范。

制定的原则：

遵守标准的书写规则。该标准以《标准规范》中的《标准工作指南》《标准编写规范》《标准中特定内容的起草》等有关标准的规范和要求为依据。

精练数字化工作的技术需求，并提出了适合目前数字化工作需求的标准文件数字化技术要求。

加强对工作的数字化要求。标准文件的数字化，在管理和技术两个方面都占有举足轻重的地位。

加强安全管理观念。标准文件数字化过程中，其安全性是一个不可忽略的问题。在制定标准时，尤其要注意保证文件的安全性，并要从多个角度对文件进行规范，如管理、技术等。主要内容标准分13章，规定了整个录音录像文件数字化工作的一般规范。

因为《录音录像档案数字化规范》包括了管理方面的要求，所以在其范围中特别说明："该标准对模拟记录文件和视频文件的数字处理技术和管理方面的要求进行了规范。"在"总则"部分，对数字化工作的总体规划、数字化工作的基本流程以及数字化工作的安全管理，进行了系统的分析和研究。工作过程的科学化、规范化，是保证工作过程质量与效率的必要条件。

组织和管理，为了加强对数字化工作的管理，在该标准中专门设置了"组织和管理"一章，对机构、人员、基础设施、工作计划、管理制度、工作流程控制、工作文件管理、档案数字化外包等方面进行了系统的阐述，这些都需要在规范中加以明确。相应地，在该标准中，对于档案行业数字化外包、外包企业的资质的认定以及档案部门在数字化进程中的参与和管理等，都进行了明确的规定。

文件入库。在录音录像文件的数字化处理中，文件入库管理是保障文件安全的重要环节。该标准将档案出库（第6章）、档案入库（第13章）

分别单独成章，对档案出（入）库过程中的管理要求进行了说明。

数字预处理技术。数字预处理是保证数字化成果的质量与使用效果的基础工作，其内容包括信息采集范围的确定、档案检查项目的设置等。

资料库建立。该标准指出，在数字化工作的初期阶段，要建设好数据库，并对建设过程中应具备的条件进行了详细的说明。许多档案机构在完成数字化工作之前，都是先建好数据库，然后再进行标准化工作。在数字化工作的初期，建立数据库比较独立，灵活性较好。

资料收集。在该标准中，信息收集是与技术指标有关的一个关键环节，也是该标准制定中的一个关键问题。"基本要求"是对录音录像文件进行信息收集的原则要求。根据当前技术状况，结合实践研究，对信息采集设备、技术参数、档案切分与著录、档案命名、档案质量检验、档案复原等方面进行了详细的阐述。

（一）录音文件的数字化技术指标

1.档案格式

该标准建议，录音档案应该以 WAVE 格式为准。WAVE 是世界上最早出现的一种数字声频格式，它具有丰富的声频比特、不同的采样频率和不同的声频通道，并且具有良好的无损压缩功能，被广泛认为是一种可以长期存储的数字声频格式。

2.采样速率

采样速率是指每秒钟从一个连续的语音信号中抽取出一个离散的语音信号的速度，它对数字声频的音质有很大的影响。规范推荐的采样速率为44.1赫兹，有价值或特殊目的的记录文件采样速率为96赫兹。人类的耳朵对于44.1赫兹的采样率已经不敏感，这一普遍的经验已经被试验所证实。一般情况下，以44.1赫兹采样的16比特声频质量，作为一个要长久保存的文件，它的采样速率应该不会比 CD 低。从试验中获得的资料来看，可以选择44.1赫兹以上的采样速率来进行人声的采集；若要保留人耳不能辨识的辅助信息，则推荐使用48千赫或以上的采样速率；在拥有高保存价值的文件或者是含有音乐的文件中，可以采用96赫兹或更高的采样速率，这样就可以精确地捕获到噪声以及人耳难以感知的声音，如听不见但对音质效果产生影响的和声、可在未来被新算法捕捉的辅助信息等。

3. 数量的比特

量化比特是一种用来表示一个数字声频信号中所包含的二进制信息的比特数量，同时也是衡量一个数字声频信号音质的一个重要指标。标准推荐的量化位元是24位元。8比特的量化录音文件，不论采样速率如何，其音质一般都不佳，所听到的噪声也比较大；在存档时，16比特的量化录音文件不能完全保留音质，24比特及以上的量化录音文件就能满足要求。

（二）录像文件的数字化技术指标

1. 档案格式

在计算机文件中，录像文件属于较为复杂的一种，为了满足对视频文件的存储和利用的需求，人们设置了多种录像文件格式，把录像、录音放在一个文件中，以便同时播放。20世纪90年代早期出现的录像文件格式为AVI和MXF。AVI是一种常用的视频文件格式。AVI格式是一种将音、影打包成一个文件，音、影按照不同的帧顺序排列，实现音、影的同步。AVI仅为其提供了一个基本的架构，而其内部的影像资料及音效资料则可被不同的编码方式所取代。

2. 文件交换格式

文件交换格式（Material eXchange Format，MXF）是由美国电影与电视工程师学会（Society of Motion Picture and Television Engineers，SMPTE）所规定的一种专门用于声频和视频的文件格式。MXF的功能就是为发送方与接收方之间的数据格式的相互转换提供一个统一的标准。MXF被广泛用于影视行业的媒体制作、编辑、分发、存储等各个环节，但因其对特定编码格式的依赖性以及适用范围有限等原因，并没有被推荐使用。

3. 视频压缩格式

标准推荐 H.264 作为视频编码格式，而 MPEG-2IBP0 H.264 则是 ITU-T 与 ISO/IEC（International Organization for Stardardiation/International Electrotechnical Commission）共同颁布的一项标准。

而其他的视频压缩格式，因其编码过程中的信息损失较大，且不够成熟，并没有被推荐使用。H.265 是由 H.264 发展而来的，在许多方面都比 H.264 更胜一筹，但因为 H.265 是近几年才推出的，现有的软件和硬件都很有限，而且没有经过大量的测试和验证，因此，H.265 还不够成熟，还不能普及档案馆（室）。

画面的帧率、长宽比。该规范要求，在视频的帧率和长宽比等方面不能改变，必须与原文件一致，以真实地反映原文件的原始内容。

声音和影像处理。在提供给用户使用之前，要对原录音录像文件（也就是通过文件正本数字化后未经处理的录音录像文件）的拷贝文件进行文件转换、降噪、校色及画面稳定等处理。对于长期存档的音像资料，要以原音像资料为主，不能以加工过的音像资料为主。最主要的原因是，随着科技的发展，除噪、调色等加工技术将会越来越成熟，如果保留原来的资料，将来加工出来的资料的品质会比较好。

数据线连接在一起。利用数据挂接，实现目录数据与录音录像文件之间的关联，并以档案号或者原始介质索引号等形式，将录音录像文件与档案原件之间的关联建立起来。

结果的接受和转移。该标准从验收方式、验收内容、验收指标和验收结论四个方面对录音录像文件的验收工作进行了阐述。由于档案数字化的工作量很大，单纯的手工检查很难做到全部检查，而且检查的质量也很难保证。在验收录音录像文件数字化后的结果时，应当使用电脑自动检查和手工检查两种方法。选择合适的验收方法，是保证数字化成果质量的关键。随着信息化程度的不断提高，计算机自动化测试的手段越来越多，测试的范围也越来越广。采用计算机进行自动化测试，不但可以实现对数字结果的全面性测试，而且还可以保证测试的精度。为了达到这个目的，该标准对档案数字化成果验收指标进行了科学的划分，对可以用计算机程序自动化方式验收的指标，提出了100%的验收比率和100%的合格率的要求。对不能用自动检测方法检测的指标，还应针对具体情况，制定相应的检测合格率标准。

二、录音录像档案数字化抢救技术的研究成果及创新性

（一）现状

每一种载具都有各自的种类，按其技术规范的不同，如录像机就有U-matic型、Betamax型、VHS型、Betacam型、8毫米型等。录音录像文件在不同的载体和技术指标下，需要不同的阅读设备，这给其数字化工作带来了很大的困难。录音录像档案数字化抢救所牵涉的设备比较多，主要包括录音录像档案播放设备、模拟数字转换器、计算机、存储设备以及音视频采集软件、音视频编辑软件等。录音录像档案数字化抢救具有很高的技术含量，它所涉及的技术有计算机、多媒体、数字图像、存储等。各种设备和技术的相互结合，使得录音录像档案数字化工作变得更加复杂，存在着技术上的障碍，许多流程和操作缺乏标准化。

当前，各档案馆（室）在对录音录像档案进行数字化时，所使用的技术标准和规范并不统一，从而导致数字化成果的质量很难保证，存储方式和格式也很难统一，严重影响到了录音录像档案数字化成果的存储、检索、交换和利用等各方面的工作，这在很大程度上限制了录音录像档案数字化工作的开展。

（二）取得的成绩

1.录音录像档案数字化抢救平台

录音录像档案数字化抢救平台由录音档案播放设备、录像档案播放设备、音视频工作站、模拟数字转换器、辅助设备等组成，可以对各种类型的录音录像档案展开数字化抢救。主要由下列硬体装置和应用软件

组成：录音文件回放装置（主要包括唱片、钢丝磁带、开盘磁带、盒式磁带、磁带以及其他各种类型的录音文件）、视频文件回放器主要包括U-matic、Betamax、VHS、Betacam、8毫米等类型的视频文件的回放装置）、音视频工作站（要求处理器性能好、存储容量大、可靠性高）、类比数位变换器（对声音、视频及其他模拟信号的数字化变换）、辅具（其中，视频监视器、声频调音台及其他附属设备的设计是本设计的核心内容）、应用程序。

2.《录音档案数字化工作流程》《录像档案数字化工作流程》

本项目所编写的《录音档案数字化工作流程》及《录像档案数字化工作流程》分别以录音文件及录像文件的数字化抢救为主线，对抢救工作中各个工作步骤的技术要求、操作方法、技术参数的设置，进行了全面、系统的阐述。录音录像档案数字化的工作流程主要有以下几个部分：档案出库、数字化前处理、数据库建立、信息采集、音视频处理、数据挂接、数字化成果验收与移交、档案归还入库等。

（三）创造

第一，系统地提出了一套完整的录音录像档案数字化抢救方法。本课题采用了多种方式展开研究，并且第一次对全国50家以上副省级市综合档案馆展开了一次问卷调查，并对其中发现的一些特殊问题和难点问题展开了研究，从数字化工作流程、数据采集方式、技术指标、音视频文件压缩和存储等方面展开了实验。通过对理论知识、调研成果、实验结论和实践经验的分析和总结，提出了一套包含平台建设、工作流程、管理制度、技术方法、技术参数、操作技巧等方面的录音录像档案数字化抢救工作的总体解决方案，为推动录音录像档案的科学救援工作提供了理论支持和技术保证。

第二，针对不同的情况，设计了一套适用于不同应用的录音录像文件数字化救援系统，完成了一个可向公众开放和提供服务的数字化救援系统。将音视频播放、信息采集、压缩编码、音视频编辑等软硬件结合起来，可以对唱片、钢丝录音带、开盘式录音带、盒式录音带等类型的录音档案，以及 U-matic、Betamax、VHS、Betacam、8 mm 等类型的录像档案展开数字化抢救工作，为珍贵录音录像档案数字化抢救实验研究和技术交流提供了一个实操平台。

第三，编制了《录音录像档案数字化规范》这一行业标准，并提交给相关部门审批。这一标准对录音录像文件数字化的技术与管理提出了明确的要求，并对由模拟信号组成的录音录像文件的数字化处理过程进行了管理，可以引导录音录像文件数字化工作科学、规范、有序地进行。

第四，制定了具有一定实用价值的录音文件、录像文件数字化工作流程。该流程全面、系统地对录音录像档案数字化各工作环节的技术要求、技术方法、技术指标等进行了阐述，涉及工作规划、设施设备和工作流程的各个方面，内容系统、全面且具有很强的实用性，具有一定的可操作性和指导性。

第四节　人工智能档案数字化技术研究

智能文件管理是指将实物文件从数字收集到数字文件，再到建立文件数据库，逐步向数字文件转化。档案数据库的建设，就是通过数据库对移动电话和编码的档案数据进行存储和管理，简而言之，就是对档案材料信息的智能化检索。

将人工智能系统引入数字化档案管理中，确立以人工智能系统为主的管理地位，实现无人档案馆（室）建设，在档案的收集、整理、分类、归档等环节上，无须人工。主要内容有：基于互联网的档案信息资源智能化采集、基于数字档案信息资源智能化分类检索、基于智能档案的价值识别、基于智能档案的安全管理。人工智能在档案管理工作中的应用，也能够实现利用自然语言的处理、各个档案馆（室）自己的整理和保存方式上的模式识别，信息检索的有关技术，对数字档案信息资源进行相关的最有效的智能分类。同时，人工智能还能够利用神经元网络算法，使计算机完成档案开放鉴定工作。人工智能系统是模拟人脑的运作和使用机理，对文件管理中的有关数据进行解读和处理，构建人脑神经元网络，用于对信息的传输、图像、声音和文字的分析。

人工智能和信息检索管理与鉴定档案具有管理效率高、鉴定类别标准统一等优势，不需要具有过深的相关专业知识和长期工作对相关档案库房的熟悉程度。简单地说，使用者要查询的文件信息内容，可以在一瞬间（以 1 秒为单位）内被查询到。在传统的手动文件管理阶段，文件的使用方式主要有复印、阅读、查询、咨询和展示。而数字文件管理环节，则是在原来的基础上，添加了网上查询、下载调阅、网络媒体应用、精准推送等方式。人工智能能够从大数据上深入挖掘使用者的需求，也能够精确地把握使用者的个人需求，这才是"以人为本"的数字智能文件服务，"人工智能 + 数字文件 + 文件管理 = 万事俱备"。

一、当前档案数字化管理面临的两难境地

（一）数字档案管理体制落后

现行的数字档案管理体制仍沿用传统的文件管理观念，对文件的搜集与整理更多地关注于"保管"这一业务层面，而对业务的使用与发展则相对较为被动。究其原因，主要在于档案数字化管理所需的硬件设施相对滞后。目前，我国档案资料的搜集工作仍以档案工作人员为主，其工作效率较低，已跟不上时代发展的步伐。这样，就不能使档案在使用过程中真正地发挥其功能。此外，在重新组织和使用阶段，也存在着一些困难。要实现对现有文件的数字化，必须首先对现有文件资料进行整理和分类。

（二）数字资料收集的途径单一

首先，信息收集的渠道单一。档案的信息收集通常是通过多年来的

统计数据来获得的。相关部门将分别按月、季度、半年、年度等方式对自己的数据进行汇总，并填写档案数据。此外，它还是每个区域的数据报告。从中可以看出，目前，数字档案管理的数据收集渠道相对单一，数字档案是通过统计部门等专业档案相关部门获得的，虽然有更丰富的信息数据，但实际应用于档案收集管理的很少，造成了资源的浪费。

其次，信息收集渠道类型单一，目前的数字信息主要来自纸质文件，纸质文件通常以文本为主要内容，辅以少量图片来解释，但数字载体不限于文字和图片，也可以添加一些声音、视频，形成图形文件。

（三）实践者的专业素质

实现档案数字化管理，对档案工作人员来说，既要具备人工智能的能力，又要具备大数据分析的能力。然而，现有的档案工作人员大多只是普通高校的学生，对人工智能仪器的使用过程并不熟悉。所以，当前最大的问题是缺乏具有专业知识和专业技能的专业人才。当前，档案管理员的知识结构相对滞后，在日常工作中缺乏相关的业务培训和技术升级，对档案数字化管理的认识不足。对档案数字化工作人员而言，没有资料的集成和分析，就无法实现档案的数字化。

在档案数字化管理的重要操作环节，对其进行集成和分析，可以在一定程度上为数据的输出提供科学合理的指导。所以，对资料的分析，也是当前实践者专业程度的最好体现。若有关人员在这一领域的工作能力不足，将会造成档案资料在各职能部门间的异构现象，进而影响档案资料的整体使用。

二、智能化档案管理系统的构建

在档案数字化管理尚未完全在国内普及之前，以人工智能档案管理的概念为例，如果没有国家主体或新型科技企业的支撑，仅凭一个单位的力量，很难实现基本的档案数字化。人工智能是一个系统的称谓，而落到实处的就是对人工智能的选择，也就是对智能芯片的选择。人工智能芯片有几点要求，其要求可以简称为 ABCS 因素：算法（Algorithm）、大数据（Big Data）、计算能力（Computing Power）、应用场景（Scenarios）。

从总体上看，智能化档案管理系统的构建可分为三个时期：一是发展时期，主要是设备的选择；二是萌芽期，也就是提供系统性的技术支撑；三是开发阶段，包括训练和应用数据中心和云服务器。智能化的档案管理与数字化，还可以利用当前的技术，对其进行信息化与智能化的更新与改造。

近几年，国家提出了建设"数字城市"的口号，其中最突出的就是科技、智能和信息化的建设。在现代和信息化社会中，人们获取公共信息的方法主要是通过特定的搜索引擎作为媒体，输入关键字、词、句来获取并不十分精确的答案，并且大多数都是一些无用的信息，因此，在查询信息的时候，不能在第一时间获得正确的信息。查询的资料没有级别限制，档案管理员可以随意查询与其身份不符的资料，无论内部网络还是局域网都无法防止此类资料的外泄，账号和密码也有被泄露的危险。

所以，智能化档案管理系统数据库安全设计就是要在确保系统正常运行的前提下，避免数据被篡改、泄露、破坏、遗失，具体的设计方案可以从以下几个方面来进行：在档案信息录入数据库时，按照内容自动设定等级；获取档案信息时，由上级主管部门事先在系统中录入相关工作人员的个人信息，采用目前已成熟的面部识别、语音识别、指纹识别、16 进制密码识别四种安全防护设置来登录智能化档案管理系统的数据库（也可以任意选择一种或几种），并对获取信息的用户进行控制，其只能对获得相应授权的数据进行合法的操作。此外，必须对档案文件信息进行保护，即使是可以修改数据的用户已取得授权的数据，也有可能由于人为的不当操作而造成数据的丢失，所以要对数字档案文件进行保护，就必须在人工智能系统中增加一个修复功能，对篡改、丢失的数据展开自动的监督检查和数据恢复。为了预防具有机密性质的档案数据的泄漏，可以使用多种加密技术对文件信息进行加密，以此来避免档案信息的意外泄漏。在系统使用的过程中，可以不断地对其有关的功能进行更新，今后还可以增加更多已经发展成熟的防护、检索、修复、保存、浏览等手段。档案资料的管理，也可以从基础的安装开始，比如华硕（ASUS）的技术，已经比较成熟了，虽然目前还只有音效、网络、BIOS、超频等功能，但是在智能手机、家用电脑、车载电脑中，已经有了相应的配置，并且开始在市面上出售。可以预期，随着国家对人工智能的推动，人工智能将会大规模地进入普通人的工作和生活中的各个领域。

我国多数企事业单位或政府部门今后将不再设置巨大的传统档案库房，所有的档案资料都将保存在市级或市级以上的档案馆或综合办公信息中心的机房，下级或上级单位只需在计算机上安装信息查询终端即可获取所需的档案信息，可通过当前的电子政务内网进行网络接入与共享，无须另设专用网络，节省了各单位和部门的人力、物力、财力，并对已有的电子政务网络系统进行了优化与无缝链接，增强了档案资源的动态性、可控制性、可获知性、可获取性及与社会其他信息资源的融合集成性，也可与市场上同类型的 RFID 图书档案管理系统结合使用。人工智能技术能够实现对各种非涉密文件的智能化和对其价值的自动评估，在保证档案信息安全的前提下，对提高档案服务的质量和效率，具有重要的现实意义。

在档案的安全管理方面，应广泛运用人工智能技术。目前，在档案管理工作中，人脸、指纹或虹膜等智能识别技术得到了越来越多的应用，这些技术有效地消除了安全隐患，提高了信息安全级别。

第一，将智能身份识别技术引入门禁系统中；在门禁系统中，录入档案管理员的人脸、指纹或虹膜，既方便了档案管理员的出入，又能将一些不相干的或没有权限的人挡在外面，保证了档案库房的安全。

第二，在文档的浏览过程中采用了智能识别技术。以医药集团为例，在医药集团内部，有大量的数据、人事文件等，其中大部分都是集团内部的机密，不方便被相关人员查阅。对于这样的档案，集团可以设定查阅人员为集团的主要负责人或核心人员，将他们的指纹、人脸或虹膜录入系统，这样就能保证集团内部机密档案的安全。此外，当采集到多个不同的虹膜或者指纹时，系统会向有关部门发送警示信息，从而形成一种行之有效的文件风险控制预警机制。通过这种方法，可以对偷窥者进行及时的识别，并采取相应的防范措施，减轻一些档案工作人员的工作压力。

第三，在视频监控中，也可以应用智能辨识技术。借由智慧型模式，辨识追踪对象，并对追踪对象的行动及动机进行分析，提供给档案管理员警告讯息，以确保档案资料的安全性。

第四，利用人工智能技术，在智能化档案管理系统中建立一道防火墙，能够自动地对入侵者进行拦截，防止非法的攻击和病毒的攻击，从而有效地保证系统的安全。

档案的搜集是档案管理工作的首要环节，也是促使档案馆藏诞生的重要因素。随着因特网的迅速发展，档案资料的数量和种类越来越多，网上档案资料的搜集难度越来越大。电子文件是将资料以数字化的方式储存于电脑媒体，并利用网络通信将资料加以整合，从而与纸本文件相对照。所以，运用人工智能技术进行档案资料的采集，可以使档案资料的采集更加有效和快速。此外，智能代理技术还能够在收集的过程中根据用户的需求将电子信息自动转化，将以图片、声频形式存在的文档信息通过语音或文字识别技术转化为文本，方便档案后续工作的开展。当某些文件由于客观因素而模糊时，可采用智能 Agent 技术，通过图像处理技术实现了文件的重构，从而保证文件的正确性。

档案查询就是档案管理员按照要求，从档案资料库中查询有关档案的过程。然而，当前，我们国家的档案资源非常复杂，而且数量和种类都在不断地增多，这就导致档案管理员要花费很多的时间来查找这些信息。而人工智能技术则能使搜索的内容更加精简，从而提高搜索的效率。

首先，智能化搜索技术能够依据档案的价值和信息的程度，对档案进行合理的编排，在档案管理员搜索某个类别的档案时，系统能够按照特定的准则，将有关的档案内容展示出来。其次，通过人工智能技术，可以实现查询的智能化，它可以通过文本或者图片的识别，从档案中抽取出文本，然后通过自然语言处理，将文本转化为文档信息，而不是手工录入，从而大大提高了查询的效率。另外，借由人工智能技术，可通过资料库，对资料库中的资料进行分析，并将符合资料的关键字推送至资料库中，以节约资料库搜寻的时间。

在对档案进行分类方面，人工智能技术也可以将各类数据信息结合在一起，对档案进行严格的分类，它不但能够对数据库中的档案信息进行自动分类并将其组织起来，而且能够按照档案管理员的指示，对信息进行整合与优化，从而实现对档案数据的科学分类。相对于传统的手工档案管理，人工智能技术的运用大大提高了档案的检索和分类的效率，减少了档案管理员的工作量，保证了档案的准确性和有效性。

档案工作以"为人民服务"为宗旨，因而具有"服务性"。而人工智能以其独特的个性化和智能化技术，给人们带来了更多的方便。比如，智能服务机器人可以为用户提供更为全面的服务，比如帮助用户借阅档案，解答有关问题。人工智能技术还能够利用大数据，对不同用户的行为习惯进行分析，为他们提供相应的档案信息，从而使档案服务更加人性化。例如，在医疗领域，利用 AI 技术将档案库中的内容和信息作为样本，将医生的诊疗信息、患者的就诊信息分别准确地推送给搜寻者，从而提升医院的工作效率与规范性。再如，利用人工智能技术，对用户操作的行为轨迹等进行分析，以有效地发现用户的潜在需求，为用户提供更加准确的动态信息。

三、基于人工智能的档案数字化管理之路

（一）建立支持档案数字化的管理机制

从资料采集到后期的档案检索，都要建立与之相适应的档案数字化管理机制。设立档案的终极目标是方便人民，从最初的纸本文件发展到现在的电子文件，其形式和管理方法都发生了很大的改变。相应地，也要进行相应的改革。笔者提出了一种基于人工智能技术的档案数字化管理方法，并对其进行了研究。档案数字化管理更加关注数字与存储技术，在这个平台上，根据日常档案管理方式所需的特定职能，根据所建立的平台管理机制，可以形成一个完整的档案数字化管理机制框架。档案数字化管理平台的运作主要依赖于档案数字化管理机制，通过管理机制中的应用服务功能，来反映出整个平台在运作中的功能和目标，并确保在实际的档案数字化管理中，可以充分地发挥出这些机制的作用，为整个档案数字化管理系统提供一些管理基础。

在建立档案数字化管理平台前，要以档案的内容为依据，请专业的人员协助，共同建立一个支持档案数字化的管理机制，并以此为基础来对平台进行控制，以确保档案数字化过程的顺利进行。管理平台其实只是一种具有查找、分析功能的管理机制的形式载体，所以要结合档案内容、所在区域等实际情况，对平台的功能模板进行设计，并可以参考其他区域的管理内容，进一步完善管理机制和平台的具体内容，确保管理机制的专业性和可行性，为查找档案的工作人员提供便捷的服务，加强人工智能服务和个性化定制服务。

（二）对档案资料的搜集渠道进行综合整理

在对数字档案进行管理水平评估时，通常将数字档案的数量与质量作为综合评估的指标。所以，在确保馆藏档案的数量的前提下，还必须对收录的档案进行处理和保存，特别是对于经常用于查阅和筛选的文档，需要在用户使用的过程中，赋予其方便查找的功能，这些都是在档案信

息管理过程中的一个重要的评估指标。在进行档案数字化管理时，要选择合适的处理软件，确保信息采集源在数据不泄露的前提下，对信息的加工方案进行合理的定制。在网络时代，数据和信息呈现出爆炸性的发展趋势，在对数字化档案进行信息搜集的过程中，还必须通过各种途径来搜集和获得数字化档案的信息资源，实现对数字化档案的实时更新。

当前，通过网络平台实现与各有关部门之间的资源共享，是最为方便和有效的方式。首先要编制一套数字化档案信息资源集成联接方案。通过互联网，连接档案信息部门的资源库、数据库和档案数字化管理平台，在以上资源数据库中，有目的地检索和筛选信息，并在档案的基层统计部门实施数字化采集，与被统计的部门互动，从而整合档案信息的来源，使档案信息完整、翔实。然而，不管是从哪方面收集到的资料，都必须确保这些资料的正确性。数字档案的信息汇总，实质上就是通过高技术，将分散在各地的数据资源进行整合，从而完成对数据的分析和计算，让各个职能部门的数据可以共享，从而突破数据异构的障碍，从而达到扩大和整合信息收集来源的目的。

（三）加强对人工智能领域的科技创新和人才的培育

人工智能时代的来临，深刻地影响着社会的方方面面。在未来的人工智能时代，需要对档案信息的数字化管理进行人才的培训和技术的革新。如此，才能更好地运用人工智能技术，为复杂的数据处理工作带来方便，从而更好地服务于档案馆（室）的数字化管理工作。所以，档案工作人员的培训必须与人工智能技术的发展同步，并要保持持续的创新。

在档案数字化管理人才所具备的技术结构中，必须把档案管理知识和人工智能应用技术有机地结合起来，这样的复合型人才既可以确保在档案数字化管理的过程中，对档案信息进行科学的收纳，又可以在日常工作中灵活地运用人工智能技术，提高工作效率。当前，我国的数字档案馆建设虽已起步，但其管理思想与传统的档案馆并无多大不同。从根本上说，档案数字化是一种新的管理方式。所以，作为档案信息采集和保存的基层单位，必须树立起人工智能应用的观念，如果仅仅把它当成一种数据处理的工具，在档案数字化的实际工作中，就会削弱人工智能技术的作用。在技术创新过程中，要想提高工作效率，就必须确保与其有工作覆盖的其他部门成员都要加强对人工智能的认识，将人工智能应用到对某些复杂数据的处理中，并将大数据的结果融合到管理上的决策和服务上的创新中去。在这种良好的协作和交流下，各部门都能及时对档案的数字化管理数据进行更新和更正，并起到以人工智能技术为纽带的作用。目前，我国档案工作中缺乏综合利用信息技术和人工智能技术的复合型人才，致使档案工作效率较低。

档案数字化管理要求有复合型人才，但由于档案管理的数据量巨大，其管理过程也是一个动态的过程，因此，需要对人工智能技术的应用进行深入研究，将其与大数据的处理流程相结合，发掘其中的内在关联，从而提高档案数字化管理的效率。应从基层档案馆（室）中选拔具有专业知识的工作人员，对其进行重点培训，并在档案数字化管理工作中对其进行集中培训。在最基本的招聘过程中，还可以通过提高技术门槛来实现对人才的引入。当前，我国在培养人工智能技术人才方面，主要是通过与大学相关专业的合作，通过"委培"等新的方式进行。人工智能技术是一门涉及面很广的学科，它所包含的知识涵盖网络、计算机、深度学习等各个方面。所以，就档案数字化而言，可以与高校中的档案学、人工智能等学科相结合，通过学科交叉的学习，来充实多个学科的知识，这对培养复合型人才有很好的作用。

四、人工智能在档案管理中的发展趋势与挑战

（一）发展趋势

在此基础上，笔者提出了以"认知智能＋档案管理"为核心的档案智能管理方法。要想将人工智能与档案管理进行高度的耦合和深度的运用，就不能仅仅从价值、前景、伦理等角度上进行选择，要深入理解人

工智能的技术原理，要搞明白它是怎样运作的、为什么会成功、哪些方面还在它的能力范围之内等问题。从当前档案行业的应用发展情况来看，无论在使用环境上，还是在实现方法上，都有意无意地把人工智能当作"拿手菜"，而回避了一些具有开放性、自主性、解释性特点的工作，这说明档案行业对当前人工智能技术的优点与缺点有了清晰的认识。然而，伴随着平行智能的兴起，真实与虚拟的互动反馈已经成为人工智能发展的一个重要方向，这就需要计算机能够同时"理解"和"解释"一个领域的知识。因此，如何使计算机能够真实地理解档案管理的意义、概念、原理、规则和目标，并做到举一反三，过程透明，可信，就成了档案行业深化认识和深入研究的重点。

　　"标签式知识＋机器学习"将成为未来档案行业中实现自动化的基本思路。当前，在大多数"AI＋档案馆"的实际应用中，主要采用的是人工智能和深度学习这两个概念，而基于数据的问题求解方式在样本需求和模型泛化等问题上均存在较大的问题。其中，采用以知识为基础的方法，实现对大规模累积的符号知识的有效利用，是解决这一问题的关键。因此，要把知识导向和数据驱动的优势有机地融合起来，改变原先"原始数据→机器学习模型→结果"及"原始数据→机器学习模型＋知识库→结果"的技术思路，知识库中既要包括档案管理专家的经验知识，也要包括从之前的机器学习模型中得到的规律知识，用知识库提升模型在档案数字资源数据整合、信息关联、知识发现方面的抽取能力，以适应智能档案管理系统在面临档案编研等知识密集型工作时的需求。

　　文件的可读性是文件智能化的重要体现。当前，人工智能所面临的难题是"是什么"，比如"是否符合'八防'""是否要归档""是否要与某种文字或图像相符"，这些都需要大量的标记资料作为基础，而这些知识大多需要通过大量的标记资料进行训练，同时也需要通过一定的类别来进行学习与判定。然而，随着人工智能技术的发展，人类的"为什么""怎么做"等问题将会融入人类的日常生活，使得档案的智能化成为可能，比如，利用知识图谱技术，实现文档的多个模态特性的统一表示，并将这些特性与相应的实体、概念相结合，建立文档的多个模态知识库。知识库为机器提供了必需的档案管理背景知识，填补了人类与人类在语义理解上的差距，为机器在进行档案管理工作时，作出各类推理判断、辅助决策等，提供了完整的、可回溯的证据链，进而提高了档案智能化管理的科学性和可信度。

（二）所面临的问题

档案数字资源可用性不高，要分清"存量"与"增量"两个层次，实现数据的数据化。虽然在不同层次的文件管理规范下，数据格式、数据来源、数据类型、数据的真实性、数据的完整性等都比较一致，数据的质量也比较高，但是，大多数文件的管理颗粒度仍然停留在案卷级、文件级，没有深入文件的内容或特性层次，文字、图片、声音等都缺少有组织的标注，加之一些文件由于行业壁垒、国家安全、个人隐私等原因，不能实现数据的共享，这就对档案数据的管理与知识的获取带来了很大的挑战。要解决上述问题，要从"存量"与"增量"两方面入手。

在"增量"上，要以电子档案管理系统为核心，在档案形成阶段，以元数据、图像特征、声频视频流特征等方式，对档案智能管理中所需的结构性标签信息进行抽取与存储。

在"存量"上，单凭档案管理员是不可能完成这么庞大的结构性标注工作的，因此需要借助外界的力量来完成。在人工智能领域，有一种名为"亚马逊土耳其机器人"的服务，它可以让用户花很少的钱就能获得各种类型的训练样本。

当前，大学档案资源的开发与利用才刚刚开始，我们应该根据大学档案资源的开发与利用，去寻找一条适合大学档案特色的新路径。综观上述发展态势，利用行业融合进行知识沉淀是提高智慧化管理效率的一个主要途径，而构建知识库是一种特定的技术手段，也是一种有效的技术手段。然而，现有的以知识图谱为基础的知识库构建方法，存在着以下三个方面的问题。

一是数据种类繁多，现有知识库构建方法多为文字类数据，而档案信息资源中又有大量图片、声频、视频等多媒体文件，对档案知识获取、知识表达、知识关联等方面的研究还不够深入。

二是局部知识具有较高的开放性，尤其是涉及人物、历史事件、经济社会等各个方面的知识，常常超越了现有的知识界限，具有较高的开放性。

三是一些应用场景复杂程度高，相对于一般的知识库，档案知识库所含的专业知识更多，其复杂程度远超普通的词汇化、语义文法等；同时，在档案鉴定、编辑研究、辅助决策等应用场景中，还需具备更复杂的动态过程知识，并需要更多的长时间地推理、更细致的场景设计和更长的学习时间。为此，在实际操作中，不能一味追求"大而全"，而要从档案服务使用的应用和情景出发，根据"结构化数据—半结构化数据—非结构化数据"的逻辑选择，按照"语言知识—业务知识—决策知识"的思路，从简单到复杂、逐级精练的思路出发。

要提高档案工作人员的角色转变意识，要按照"人机协同"的开发理念进行工作。"机器换人""机器替人"，在人工智能的发展中是不可避免的，但是，在漫长的时间里，人们已经达成了一个共识，那就是"人有用武之地，机有用武之地"，也就是机器可以替代一些工作，但是，它可以创造出更多的、更好的工作，这种理解，本质上就是把人与人之间的合作当成了人工智能发展的基础。所以，将人工智能应用到档案管理中，也离不开人与机器的配合，两者缺一不可。目前和今后一个阶段的档案智能化管理，从根本上来说，仍然是"人工"智能化管理，仍然是在档案专家的引导下，将档案管理员转变为档案数据工程师、档案知识工程师、档案业务架构设计师，承担数据标准控制、经验知识提炼、业务框架设计、质量评估干预、辅助决策分析的任务，从而形成一种全新的人机互动协同闭环的管理方式。档案工作人员应将人机边界做得更清楚，也就是对于机器而言，什么工作或者一个工作中的哪个环节是简单的工作，而哪些是看起来很容易但实际上很难完成的工作；从人的角度来看，哪些是专业人士的工作，哪些是大众的工作，这些都是需要确定的。要做到"人与人、知与行、虚与实"，就必须明确其界限。

第二章　数字化档案资源管理与整合

第一节 数字化档案资源管理风险问题及完善

一、档案数字化管理的风险

从档案数字化的角色和发展趋势来看，档案数字化管理已经日益成熟，它的应用领域也变得更加广阔，更加普及。但是，在档案数字化的过程中，也有一些自身的、技术性的或人为的风险。档案数字化管理所涉风险是人事管理风险。有关人员对安全管理的认识是否到位，对有关人员的职责与义务是否清楚，对有关人员是否进行了经常性或非经常性的检查与监督，并进行了强化训练；经理们是否自发地、自觉地对自己的保密工作保持警惕，并具备很好的专业素质，这就是人事管理方面的风险因素。在目前开放的网络环境中，档案馆不可避免地会受到电脑因素的影响。

二、档案数字化过程中的风险控制

针对上述风险，应采取如下措施加以防范。

（一）加强档案员的队伍建设，确保档案的保密工作

在档案风险管理中，人是最主要的一个方面，应对其进行全面、系统的研究。在数字档案中，最大的风险来自人的疏忽。人们对数字档案的认识不到位，思想上不够重视，疏于防范，常常成为数字档案的最大风险源。所以，要展开关于档案风险的思想意识教育，提升档案管理者及相关人员的风险意识，让他们对档案数字化管理的风险及后果有全面的了解，对档案数字化管理风险的客观性及危害性有正确的认识，要积极地做好应对风险的准备，扎实地做好档案数字化管理的各项工作。

在档案数字化的过程中，由于信息的移位，可能存在人为操作不规

范等因素，给档案的数字化带来了一定的风险。操作者可能会在有意无意中，对档案本身进行删除或修改，而由于数字档案具有可操作性，因此，数字信息一旦被更改，就很难找到其踪迹，很难分辨，也不能反向还原，这就会对电子档案的真实性和完整性造成影响。要想把档案数字化管理的建设与风险防控工作做好，可以组建一支专门的档案管理队伍，选拔并培养复合型档案管理人才，持续充实信息化技术、网络安全、档案数字化信息管理方面的人才培训，对其信息化操作能力和管理能力进行全方位的提升。

对与档案管理有关的人员进行培训，强化数字档案管理员的保密观念与意识，并与思想政治教育相结合，使其形成正确的价值观与人生观，从而提高档案管理员的综合素质与水平。

（二）加强网络安全的技术管理，健全网络安全的技术保证制度

网络安全技术不仅要求网络工作人员对其进行及时的监控与维护，还要求相关的运营者对其进行规范的操作，时刻保持警觉。就网络安全技术而言，应着重于如下几点。

1. 文件存储中的安全操作

不同类型的档案有不同的安全要求，因此，在存储过程中，应提高档案存储的针对性和有效性。例如，需要出现在信息平台上的档案将以电子信息的形式出现。由于广泛的受众和频繁的操作，它们很容易受到诸如作弊、软件和硬件技术问题或灾难等人为因素的影响。因此，在存储档案时，可以加强安全性和保密性控制，以保证档案数字化管理的安全性。同时，纸质档案和数字档案要同步保存，并做好备份和加密工作。

2. 档案数据库管理

档案可以是一些较小的文件或凭证，也可能是大量的文件包，因此，在档案数据库管理中，应对档案数据库进行加密，如二次、三次加密，一旦档案被盗，由于数据库加密，无法打开，从而大大提高了数据的机密性，降低了风险。对于档案数据库的加密，可以根据档案管理员和技术人员的不同身份来设置权限。设置密码的技术人员或档案管理员不需要了解数据内容，即使他们获得了密码，也无法打开数据信息。这就像为档案的数字化增加了一条安全保障线。

3.移动媒体管理

在档案数字化过程中，涉及各种媒体，在实际应用中，媒体本身必须做好保密工作和病毒搜索，定期或不定期维护和检查高度保密的存储媒体专用存储管理。

4.运用信息安全技术来提高数字化的保密程度

对档案数据按等级进行存储和加密，设定访问权限和身份验证，防止无权限的人获取和查阅档案信息。同时，对系统软件进行更新，并对其进行及时的杀毒与保护，以保证电脑系统处于安全的保护之下，不受病毒的攻击；在硬件设施设备的保护和放置方面，要做到科学合理，机房设备要保持干燥通风、电量电压稳定。

（三）建立健全风险监测制度

首先，构建自动化的消防机房系统。在硬件的存储上，要营造一个良好的工作环境，并按照档案的性质，配备消防、监控设施和报警系统，对硬件设施和设备进行完善，为档案管理提供最基本的安全条件。

其次，构建一套完整的数字化档案信息安全检测系统。具体包含计算机病毒检查、入侵检测、网络监控、安全审计等内容，对非法访问和网络攻击进行拦截，并对防火墙、网络系统安全检查技术、操作系统内部安全信息加密技术、数字签名技术等的建设进行强化，从各个方面，随时随地对档案信息安全进行检测。

最后，做好对档案数字化管理工作的日常安全管理，并对其进行定期检查，一旦出现问题，及时向上级报告，建立起一套人防、物防相结合的风险监测系统。

（四）安全管理体系的完善

第一，构建合适的安全管理体系与策略，运用多种管理方法，使档案数字化安全管理人员"有法可依、有法可循"。在日常的档案数字化管理工作中，要将数字化系统与安全管理系统有效地结合起来，确保日常操作的规范和严谨。

第二，构建档案数字化管理的安全运行评价体系，对档案数字化管理安全实施的工作进行评价，在实际工作中，根据相关的规定和标准，查找有无遗漏、漏洞，将评价体系纳入档案数字化管理人员的工作考核体系中，切实起到激励和保障制度落实的作用。

第三，数字水印和签名是信息安全领域的一个重要课题。要使数字档案的安全工作具有实时性，就必须通过不断学习、探索，以适应科学技术的发展，并制订出相应的管理办法。

第四，要进行全方位的合作与协调，从选择被数字化对象，到选择数字化设备、数字化格式，再到档案的长期保存，这是一个完整的过程，它需要与多个部门进行配合与协调，任何一个环节出了问题，都会对档案数字化管理的成败产生影响。

第五，加强防范网络犯罪。国家一直十分重视信息网络的安全，并出台了一系列的政策和规定。但是，网络环境的国际化以及自身发展快速的特点，网络犯罪层出不穷，而且缺少健全的法律法规对其进行约束。所以，在实际档案数字化管理的过程中，要加强对计算机网络方面的犯罪的预防工作，并提出切实可行的建议，以防范与惩治数字信息违法的行为，达到维护数字信息安全的目的。

（五）加大对档案数字化工作的投入力度

档案数字化管理的规模，取决于其所处行业的性质，以及所包含的内容的大小。因此，在进行档案数字化的建设和管理的过程中，必须有长远的眼光，着眼于现在，对未来的需要进行充分的考虑，提前做好规模规划、设备设施规划、人员规划和资金规划，争取有关部门和重要领导的支持，降低档案数字化建设和管理的风险，构建出一套科学完善的档案数字化管理系统，为需求单位提供优质的服务。

第二节　数字化档案资源整合机制概述

一、数字化档案资源整合的特点

（一）跨境一体化

随着公共文化服务的不断深化，网络环境的日益成熟，以及新媒体的广泛使用，人们对信息的需求变得更加多维和广泛，这也对档案服务提出了更高的要求。在这种情况下，档案资源的整合扩大了集成领域，不再局限于一个档案或一个组织，而是整个地区甚至国家，以更好地建立一个资源系统，满足国家公众的广泛需求。然而，在新的要求下，跨境一体化的"边界"不仅是地理上的，而且是工业上的，是传统的商业模式。在数字时代，社会各行业相互交融，信息的传播与交流让各个方面的联系更加密切，越来越多的人打破行业壁垒，寻求跨地区、跨行业的信息服务，期望能够高效地利用"一站式"的平台来解决自己的问题，并获得更多的知识服务。

此外，随着信息技术的运用，档案部门可以按照主题、人物、事件等不同的方式，对主题进行整合，这样就可以更好地满足大众的需求，为数字化档案资源的使用提供便利。例如：人民群众的权利和信息意识逐渐提高，对与人民群众生活息息相关的档案，如不动产档案、医疗档案、就业档案等，都有越来越多的需求；以服务大众使用为终极目标，未来档案局将打破"界"的壁垒，以更好地满足大众的资讯需求，使数字化档案资源更符合大众的需求。

（二）交叉集成过程

在数字化的环境下，各种先进信息技术的运用是数字化档案资源集成的主要特征，诸如网络通信技术、跨库检索技术、互操作技术等现代信息技术，都为数字化档案资源集成工作提供了支持，并在集成工作的每一个过程中都会进行使用。

首先，在资源储备上，除原始电子档案的大量生成之外，传统的纸本档案的数字化也是档案馆的一项重要工作，它能够打破时间和空间的局限，将数据存储到云端，并提供给用户，而这一切都是建立在数字和虚拟存储技术之上的。除了数字化档案资源本身，档案数据的采集对信息技术的需求也越来越高。当前，数字化档案资源的整合范围不断扩大，档案数据已经从局部采集转移到了全面采集，目的就是要构建一个统一的大数据资源体系，所以需要使用先进的技术手段来支持对海量数据的分析和整合工作。

其次，在对档案信息进行集成时，档案数据信息和数据库因建立时所依据的标准系统的不同而呈现出多源异质的现象，因此，必须应用互操作技术，消除归档数据与信息系统之间的差异，实现一定程度的集成。对于在线网络平台数字化档案资源收集整合，技术难度很大，建立在不同的标准系统平台下，需要通过统一的数据库存储数字化档案资源，如电子档案，确保档案信息可以集中传输，也便于用户快速检索数字化档案资源。档案网站等在线资源的最大特点是其动态特性，这也是整合在线资源的难点。网页信息必须使用爬虫程序和其他软件来执行其实时捕获。在数字化档案资源是动态生成的情况下，应实现快速识别和实时存储，以确保数据采集和处理的及时性。最后，在数字化档案资源的转移上，无论是在整合过程中，还是在服务整合之后，都可以使用不同的网络平台、移动设备，实现数字化档案资源最优化。

（三）整合前端控制和终端集成

自从数字化档案资源整合工作开展以来，各地档案局都在不断地对其进行探索，如和县模式、顺德模式、浦东模式、深圳模式等，但是，大多数都是将档案实体资源整合或将其与档案信息资源整合的一种方式。数字化档案资源形成后，在技术应用的基础上实现了资源整合成果的多元化，包括档案目录整合、数字档案信息资源数据库整合、档案网站整合等新途径。具体来说，档案目录的集成是数字化档案资源集成的主要途径之一。它包含两种类型：一种是围绕某一主题的目录集成，另一种是在特定范围内的更全面的目录集成。此外，还可以建立一个目录中心，以确保档案目录集成的有序发展。目前，以公共需要和专题为基础的目录整合正在蓬勃发展。数字档案信息资源数据库的整合，本质上是对包含各种数字化档案资源的数据库进行整合，如档案目录数据库。

上述的数字化档案资源整合模式，都是在数字资源形成之后才被确立起来的，它是一种末端的整合。近年来，档案行业对利用前端控制来进行数字化档案资源的整合进行了探讨，并逐步形成了一种新的发展方向，即将其嵌入业务前端的整合方法。数字化档案资源整合向前端控制的发展，是在电子文件前端控制理论的指导下展开的，也就是将数字化档案资源整合的方式，提早到了原始的数字化档案资源的形成阶段，在开展业务活动之前或者在业务活动的过程中，就已经完成了数字化档案资源的整合。该技术的一个具体应用实例是将浙江政务服务网上的电子文档进行网上存档，这是向无纸化方向发展的一个重要表现，也是实现浙江省—市—县三级政府机构和各业务系统之间的信息共享和集成的基础。

（四）重视新媒体数字化档案资源的整合

如前文所述，数字化档案资源正逐渐成为档案的主体，是用户使用时的首选，同时也是国家战略资源，为跨图书馆、跨区域、跨专业数字化档案资源的整合带来了极大的便利。然而，随着新媒体的广泛使用，在这些平台上，每天都会产生和传递大量的档案信息和资源，例如：档案学者在档案 BBS 讨论专业知识和交流，档案机构官方微博账户和用户之间的互动咨询服务，档案机构用户在微信公众号上传老照片或文件故事，等等。在新媒体中，这些数字化档案资源得到了充分的传播和利用，从而使资源的价值最大化。因此，除了各种收集外，数字化档案资源的整合目标还应该包括各种新媒体形式的数字化档案资源，如移动应用程序和社交媒体。

当前，档案部门工作的一个原则就是以人为本，以用户需求为导向。在新媒体上持续流通和使用的资源，大部分都能反映出社会的实际需求，一些已经完成了初步的主题资源整合，所以，在扩充馆藏的过程中，这些资源应该是数字化档案资源整合的重点对象。同时，因为新媒体平台的数量众多，用户众多，所以各种形式的数字化档案资源都以一种杂乱无章的方式分布在不同的网络平台上，而且其中存在着许多零散的、不完整的信息，这些信息的价值也很高，所以，迫切需要档案部门配合专业的技术机构，对这些信息进行及时的收集、分类和整合，以便能够尽快将这些信息纳入国家数字化档案资源的整合当中。

二、数字化档案资源的整合内容

从宏观上讲，数字化档案资源整合不仅是指对过去和现在的国家机构、社会组织和个人在社会活动中形成的，对国家和社会有保存价值的全部档案的管理由分散到集中、由无序到有序的过程，而且主要是指在我国档案工作"统一领导，分级管理"体制下，通过整理与组合，使之结构合理、配置优化，以适应经济全球化，增强区域综合竞争力的社会系统工程。

数字化背景下，数字化档案资源的整合不仅包括档案实体的物理整合，还包括数据整合、系统整合与服务整合。数据整合即档案信息内容的整合，要在广泛搜集与补充档案数据信息的基础上，实现对档案信息资源内容的深度整合。而在数字时代，丰富的数字化档案资源分散在不同的平台上，存储于不同结构的数据库中，由于描述方式不同，档案数据之间的结构也不尽相同，异构的数据难以直接整合，需要建立统一的数据集成框架、兼容的数据接口等，以实现数据之间的自由流动与共享。由于国家没有发布关于档案管理系统建设标准方面的统一规定，各个地区、各个档案机构的管理系统类型、软硬件结构各异，这同样大大阻碍了数字化档案资源的无差别共享，因此，利用技术进行数字化档案管理系统的整合成为关键性任务，需要创建云平台以联结异构的系统。数字化档案资源整合的最终目的是提高档案利用服务的水平，更好地服务用户。因此，数字化档案资源整合还必须加强各档案信息服务部门之间以及档案信息服务部门与其他信息服务部门之间的服务融合，打造"一站式"的服务门户，实现用户"在任何时刻，从任何地点，都可以获取任何模式的信息"，提高用户的档案利用效率。

三、我国档案资源一体化存在的问题

（一）受传统思想的制约

"等客上门"的被动服务理念已经落后于时代发展的需要，随着手机的普及，人们能够更好地利用自己的信息资源，图书馆式被动服务已经无法满足人们的需求。这样就脱离了市场竞争机制的优胜劣汰，当被市场所选择时，档案部门就会面临被边缘化的危险。

（二）资源配置，结构不合理

一是数字化档案资源配置不合理。在我国，数字化档案的分布呈现出地域差异很大、城乡差异明显、数字鸿沟与信息孤岛并存等特征。二是数字档案馆的资源结构不尽合理，在"存量数字化""增量电子化"等策略的推动下，数字档案馆在数量上得到了快速增长，但是其建设质量却没有跟上时代的步伐，目前的工作侧重于一般的机构类文件，而忽略了诸如小企业的生活类文件；如新媒体、新技术、新技术等，海量的数字化档案堆积如山，却得不到相应的合理利用；目前，我国一些档案馆馆藏数量少，内容单一，很难适应社会的需求。

（三）缺乏标准系统

国内的数字化档案资源通常都是档案馆按照自己的实际情况和特征来选择数据的种类和结构，并使用与之相适应的技术标准和平台来进行

存储和整合，造成了很严重的异构。与此同时，在文件格式、著录索引标准等方面，还没有一个统一的规范与执行标准，很难实现各种数字资源的交互。

（四）人力资源开发不足

人才是决定档案工作质量的重要因素，而当前我国的档案工作人才队伍普遍存在着人员配置不足、人员结构单一等问题。由于人手不足，许多档案工作人员往往一人兼任多个职位，由于人手有限，数字化档案资源的建设往往处于力不从心的状态；人员结构在传统的业务岗位上有所偏重，无法适应知识社会对档案的高层次和个性化的使用需求，而且受到了传统的、固定的思维方式的制约，使得数字化档案工作缺乏创新的动力。

四、数字档案馆面临集成和服务的机会和挑战

（一）对数字档案馆进行集成和服务的机会

中共中央办公厅、国务院办公厅印发的《"十四五"全国档案事业发展规划》中明确指出，要将大数据、人工智能等新一代信息技术运用于数字档案馆（室）的建设，为数字档案馆的集成与服务带来了新的发展契机。

大数据时代给数字档案馆的集成和服务带来了六大机会：

第一，新思维的机会。在大数据时代背景下，在对数字化档案资源进行整合与服务的过程中，人们以一种全新的管理思路，将数字化档案资源变成了一种资产，因此，它可以作为政府实施社会治理、提供公共服务的一个重要支持手段，在促进数字经济发展、推动社会治理创新方面，它的价值、地位日益凸显。

第二，以新的方法创造机会。在推动数字化档案资源的整合和服务的过程中，数字化档案资源的管理模式已经发生了根本性的变化，全生命周期、全过程管控、全要素管理已经变成了一种必然的需求，与大数

据技术进行深度融合，对数字化档案资源实行单套制与单轨制管理，是数字化档案资源管理的发展趋势。

第三，为新的发展提供了契机。数字化档案资源是我国推动信息化的战略资源，也是一种具有竞争优势的公共服务资源，其价值和功能得到了极大的提高，因此，保障数字化档案资源的可信性、可用性、可追溯性是数字化档案资源集成和发展的普遍需求。

第四，是新的基建机会。将数字化档案资源建设视为全社会基础设施建设的一个重要组成部分，并将其作为大数据基础设施支持建设的重要支持内容。

第五，是新的技能机会。数字化档案资源的整合，与数字化转型中的国家可持续发展的能力建设密切相关，还与民生服务保障的能力建设密切相关，它是档案走向社会、服务人民的一条重要途径，也是构建数字记忆、数字身份、数字生活和数字文化的基本保证。

第六，是新的利益机会。构建数字化档案资源的整合和服务机制，与人类发展的过去、现在和将来都有着密切的联系，与公民的身份识别、隐私保护和权益保障等问题有着密切的联系。为此，必须强化数字化档案资源的整合和服务机制的构建。

（二）对数字档案馆资源集成和服务提出的挑战

相对于构建数字化档案资源整合和服务机制所面对的六大机会也有六大新挑战，具体体现为：

第一，新思维上的挑战。在构建数字档案馆资源集成和服务体系时，应采用"多元主体"的数字治理新思维，着重解决数字化档案的法律化问题，使数字化档案的价值被多个主体所认同，从而更好地发挥其对国家社会治理的支持功能。目前，国家对数字化档案的法律可采依据仍有严格的限制，这就影响到了数字化档案的跨地域、跨层级、跨部门、跨系统的互信互认，影响到数字化档案的公信力和公共服务能力。

第二，挑战的新方法。要对数字化档案资源进行集成，就必须适应社会对档案资源的多元化需求，让数字化档案资源在提供服务的时候变得更方便，给档案资源的使用提供了多个渠道、多个途径、多个方式，这就需要数字化档案资源从双套双轨的管理模式向无纸化的单轨制转变。

第三，面临着新的来源问题。数字化档案资源的集成，旨在通过数据来实现"说话""管理""决策"，打破"信息孤岛"。目前，数字化档案资源的共建、共享，已经变成了对数字化档案资源进行整合和服务的"瓶颈"。因此，要树立起一种崭新的档案资源观念，推动数字化档案资源的信息发展，更好地解决数字身份的认同问题，真正做到"让数据多跑路，让百姓少跑腿"。

第四，是对新的基建体系的挑战。要更好地与信息技术的发展相适应，要强化建立的数字化档案资源的整合与服务的新机制，要在信息基础设施的建设中，将数字化档案资源的建设作为有机部分，探索现代信息技术转型中的深度，包括从目标到综合场景收集的数字化档案资源，数字化档案资源类型从单一源到多源异构，在数字化档案资源收集过程中，实现非结构化数字化档案资源在线深度融合、云备份和云存储，构建不同行业、不同地区、不同层次的统一数字化档案资源协同建设体系和服务机制。

第五，对新的技能提出了挑战。一方面，构建数字化档案资源集成和服务机制，需要加强档案管理员的"大数据"观念，深度挖掘数字化档案资源的复杂性，着重强化对数字化档案资源多样性、数字记忆多样性和数字身份认同多维度的知识重构。另一方面，档案管理部门要根据大数据发展趋势，提高跨领域协作的数字化档案资源整合与服务协同能力，提高数字化档案资源在社会数据治理、数字文化建设、数字信息生态建设中的服务水平。

第六，对新权利的争夺。在数字化时代，数字化档案资源的应用非常广泛，其集成和服务关系到国家信息安全、个人隐私保护和企业商业秘密的安全。此外，由于使用了数字化档案的身份验证，因此会引起个人的隐私泄漏；数字化档案在使用过程中，会对某些群体的利益造成不利的影响，应当引起重视。

五、从实际出发，实现档案资源一体化

档案资源的整合是一项牵涉到多主体、多层面的系统工程，为了达到对档案资源的高效配置，激发其价值的最大化，可以从维护数据安全、优化人才队伍、细化资源整合制度、完善联动机制等几个方面来推进档案资源的整合。

（一）提高安全性，确保系统数据的安全性

当前，我国档案信息资源的集成主要有两种方式：一种是与数字公司签署集成合同，由档案馆的工作人员承担集成管理的职责，而数字公司则承担集成管理的职能；另一种是建立一个由档案馆组成的专业小组，全面承担档案资源的集成工作。无论采用何种整合方式，由于档案的载体种类繁多、来源广泛、数量庞大，在进行数字化档案资源整合的过程中，都有可能受到病毒、黑客的攻击，以及档案自身的易被篡改等危险。为此，有规划、有步骤地推动档案法治建设，并解决电子档案法治建设中存在的问题，就显得非常重要。首先，在质性研究中，厘清安全体系、安全模式、实现机制、建设体系与维护路径之间的内在联系，构建完善的安全监督体系，构筑安全保障网络，严厉打击信息泄露、丢失等行为。其次，需要将对比分析的方法加以拓展应用。通过对不同国家、不同地区档案数据安全维护方式的比较分析，总结其中的经验与教训，并对研究方法进行改进，使研究结果更加丰富。最后，在文件资源集成中，文件数据具有易破坏、易修改、存储分散等特征，需要建立电子档案的数字取证模型，改进数字取证技术，提高数字证书的可信度。

（二）优化人才库，突出工作重点

档案信息的整合，需要有一批专门的人员的知识、技术、优质的服务来支持。为此，必须组建一支以数据为基础的专业人才团队，并将其

整合到多个学科领域。首先，可以采用考核制度，从目前的档案工作人员中筛选出一批具有较强学习能力和服务意识的档案工作人员，并对他们进行关于大数据和信息化的相关知识的集中训练，让他们能够更好地适应新形势下的档案工作。其次，针对项目的要求，对项目的硬件、软件和网络安全进行优化，形成"集中管理，分层自治"的工作方式。最后，在跨行业、跨部门的基础上，筛选出优秀的人才，并为数据库提供一个可扩充的基础框架。在此基础上，依据任务要求和个人的兴趣爱好，将研究对象分成多个研究小组，并对其进行相应的研究。

（三）洞察异质性特点，完善资源集成体系

档案资源集成是一个不断发展的过程，而档案信息的类型也不一致，在集成时会出现不同种类的档案信息，这就加大了集成的难度。在档案资源整合的不同阶段，要对异质档案数据所具有的特点和表现形式进行及时跟踪，对档案资源整合制度进行细化，使档案资源整合的整个阶段有据可依、有据可查。对档案资源进行整合的具体内容进行明确，以实际成效和反馈意见为依据，制定并持续改进档案资源整合制度，解决在整合过程中存在的资源共享困难的问题，对一站式的档案资源整合共享平台进行整合。融合新技术，构建公共服务平台，以解决因档案数据异质而造成的查档难题，提高档案资源获得的均等性和效率性，提升公众对档案的好感。

（四）健全联动机制，扩大资源集成的范围

我国档案的生产主体是政府机关、档案馆、图书馆、博物馆、社会团体。各责任单位需明晰档案资源整合工作的年度规划及目标任务，并作详尽的安排部署；所牵涉的集成单位不能仅限于本馆，要有全局观念，站在宏观的角度上，结合各个馆藏的特点，主动地进行档案资源集成，互相之间进行互动，扩大资源集成的范围，营造出良好的氛围。同时，要建立一个信息共享平台，及时解决信息共享中出现的问题。在信息时代，利用现代科技手段推动语义识别技术向智能化方向发展，推动资源集成中元数据转化、文档数据关联等方面的发展。利用统一的元数据，将档案资源转换成标准化的格式，利用资源的映射与关联，实现具有不同意义但具有相同主题的档案信息之间的联系，从而增强对档案信息的抽取与挖掘，从而推动档案资源的整合。

六、建立档案资源一体化模式

（一）建立档案资源一体化模式的构想

建立档案资源集成模式，是一项浩大的工程。在建模的前期阶段，首先要确定建模过程。只有对不同来源的档案资源进行仔细的整理，将档案资源的存储类型进行统一，对整合技术进行更新，对整合方式进行改进，才能建立一个智能化、一体化、便捷的档案资源信息共享库。在宏观层面，档案资源集成模式是一种由资源与评价两个层次构成的动态模式。资源层可以被划分成四个部分，即整合、管理、服务、反馈。收集档案资源，统一档案资源集成模式，进行管理层审核，为用户群体提供服务，根据服务效果及时反馈，添加动态链接，使档案资源库得到充实。在评价层面，综合评价在资源层面上，档案资源整合的外在特性与内涵特性，以达到资源之间的关联与整合方式的最优化。在微观层面，档案资源集成中需要对元数据模型进行标准化，使多源档案信息在统一的元数据模型下的关系网络图更为清晰。将各种资源之间的关系进行整合和整理，发掘其深层价值，将有助于构建"大档案馆"。

（二）基于等级的档案资源集成模式

1.融合层

其中，集成层作为企业档案资源集成的先导，对企业的服务质量有着举足轻重的影响。档案管理部门要做好数据的采集、识别、转换和存储工作。各单位的档案在其原始数据生成时，所使用的数据管理系统、存储方法也各不相同，从单纯的档案数据向网络化的数据库发展，逐渐形成了一个异质的数据体系。数据源的非一致性，造成了元数据在存储与表达上的非一致性。在档案资源的集成层，为档案资源的集成提供了一种标准、规范的数据格式，在集成的过程中，系统要自动地对档案信息进行检索，接着，对元数据进行挖掘，并将元数据的存储格式统一起来，利用大数据技术，将不同类型的档案资源转化成不同的元数据，从而解决格式不兼容和类型不一致的问题，并将来自多个来源的档案数据连接起来，节省数据存储空间，提高档案资源的利用效率。集成层主要针对"多源"的数据结构和数据类型。通过对元数据的存储集成，生成档案资源之间的数据关联，实现格式的统一，从而保证档案资源集成的质量。

2.管理部门

管理部门是档案资源集成的中心，在档案资源集成中的决策，包括数据处理、人事指示等。在整合层，将不同类型、不同格式的元数据进行彼此之间的转换，从而达到统一的元数据存储。管理者要加强对档案资源的挖掘和开发，利用元数据的特性，进行语义识别，构建一个以图表、数据、事实等为知识单位的资料库。通过主题树、知识图谱和知识关联矩阵法等多种集成方法，实现多种档案资源之间的关联。通过归类、重组和关联等手段，对相关的档案资源进行深入挖掘，使得档案资源中的隐性关系逐步显现出来。与此同时，管理部门还通过指导相关的档案资源的整理与编辑，提高档案资源识别的深度与广度，为智能检索提供数据支持。管理部门亦负责人事管理与集成系统的建立，人事管理包含人事安排、人事权限设定、人事保安管理等。本书主要从强化人事管理、规范化集成过程、做好信息安全备份等方面着手，以达到提高档案资源集成效率的目的。

3.服务平台

归根结底，是为了方便用户，为用户提供一个一站式、智能化的查询服务平台。用户可以利用该平台快速、全面和智能地获得需要的档案资料。在综合信息系统中，提供"一站式"的查询、"用户浏览"、"用户资料分析"、"个人信息发布"等多种服务。一站式检索，即用户输入关键词，在档案资源整合库中根据关键词对相关数据进行实时的匹配，关联数据按照关联程度、紧密性进行排序，实现输入式、语音式、视频式、图像式等多种表现形式的智能化检索。用户使用导览，即在资料库中，设定了按时间、地点、主题、使用情景等进行导览。档案信息管理系统通过整合各种类型的档案信息，通过可视化的方式实现档案信息的整合，建立多维的浏览函数，使用户可以更加直接地了解档案信息。用户资料，即用户所利用的资料并不仅限于影像、文字和表格。能够根据用户使用档案资源的情况进行数据统计，并通过条形图、汇总图、折线图等各种更为直观的方式，从而能够准确地把握各种主题和资源的使用情况，有助于挖掘关联档案信息，系统地掌握知识。个性化推荐，即根据用户的具体需求，在整合档案信息时，向用户提供有针对性的信息。可以按其对文件资源的检索与浏览情况，将其划分为"不可避免的"与"偶然的"两类。"不可避免的"，用户不仅是档案信息的用户，也是档案资源的用户，他们不仅是接受者，也是传播者。资源整合的关键在于，从静态的行为特征、动态的用户轨迹和行为习惯三个角度来对这类用户展开话题的集成，进而将其锁定在继续关注上。所谓"非定期"，就是不频繁地利用这些资料，而仅仅是时不时地查询到一些资料的非定期用户。在这种情况下，我们可以把他们当作自己的潜在用户，通过对特殊用户的有效整合，吸引更多用户的关注，有利于拓展新用户群。

4. 回馈层级

高校图书馆馆藏信息资源集成的目标是充分发掘馆藏信息资源的价值，提高馆藏信息资源的利用效率。所以，在档案资源整合的过程中，需要持续地进行反馈，将提升数字化档案资源的数据连续性和多元主体协同创新作为指导目标，将用户的满意度和档案资源的实际利用率作为指导方向。监督与申诉是档案资源整合工作中最重要的信息反馈通道。当资源被提供给用户群体的时候，管理者可以利用信息技术手段，对档案资源整合的问题展开实时监控，从而保证档案资源整合的真实性、完整性和稳定性。基于以上分析，提出了不同层次的服务反馈警告。预警等级由低到高，到高精度，再到高质量。但是，在接收到预警之后，处于反馈级别的档案资源会以指示的状态呈现给管理者，这些指示具有及时性和精准性，保证了管理者可以根据自己在服务过程中所发现的问题，及时地寻找出问题的根源，并采取一系列的改革措施，准确地找到与之对应的对策，并对其进行改进，从而提高服务的质量。

（三）建立评价系统

通过对档案资源整合工作进行综合评价，可以有效地提升其工作效果，提高其工作水平。评价指标体系由集成层、管理层、服务层、反馈层构成。集成层是一个一级索引，它包含三个二级索引：档案资源的多样性、硬件和软件设施以及财务支持。在一级管理指标下，还包括三个二级指标：资源存储管理、网络信息管理和存储安全管理。在服务层的一级索引下，具体有三个二级索引，即文件服务对象、文件服务机制、资源共享程度。首先是反馈层，其次是监督机制（即投诉机制），最后是用户满意度。动态评价是对四级档案资源整合的综合评价，根据反馈层的指示，根据高效资源的特点。

第三节　数字化档案资源整合的作用、原则与技术

一、数字化档案资源整合的作用

（一）交流和共享数字档案馆资源

数字化档案资源的交换，主要是指用户安全使用信息的前提下，以满足各种信息交换需求，如档案信息的实时监控以及大量的资源使用和请求代理。数字化档案资源共享，主要是指使用统一的平台，让用户能

够最快、最佳地访问资源档案信息，或对档案信息的使用、更新、发布和共享，获得最高效、最好的便利，基本上是分布式管理流程，可以改善档案资源的管理，为用户提供个性化、智能的服务。

（二）保存和管理数字文件资源

数字化档案资源的存储和管理，主要是按照分布和组合的原则，建立一个可靠的资源存储系统，运用对档案数据的挖掘技术，实现对其的自动化预测，并探索其未来的发展规律，由决策系统为管理者提供最优的服务，并在安全方面，提供统一的认证、授权和加密服务。数字化档案资源管理服务，是指为用户提供统一的部署，拥有远程监控部署、日志管理、系统维护等功能，采用业务协作的方式，在统一的档案资源共享平台上，采用数据挖掘的技术，为管理者提供最安全、最快捷、最有效的管理服务。

二、关于数字化档案资源整合的原则

数字化档案的最优性原则。是指通过某种技术途径和技术手段，充分地使用数字化档案，并使用户获得最优的组织结构和功能。

数字化档案的资源相关性原则。对数字化档案资源的开发提出了一种新的要求，即数字化档案资源的开发要建立在数字化档案资源的关系属性之上，要注意它们与各种环境的关系。例如，在不同的资源对象中，存在着不同的概念语义关系。

数字化档案的分类原则。每种数字化档案资源的结构都不一样，它们都是按照由低到高的顺序叠加而成的，除数字化档案资源本身的层次之外，还存在着用户的需求的层次，这就要求在整合各类数字化档案资源时，要根据不同的类型、不同的方法进行多维的整合。

数字化档案资源的科学原则。数字化档案资源的整合，包括不同的整合对象，也包括数字化档案资源整合的内容和方式。因此，要对这些问题展开科学的论证，才能确保数字化档案资源的正确性。

三、数字化档案资源整合的有关技术

（一）数字化档案的存储技术

数字化档案数据库的数据源非常丰富，其和档案资源的数量急剧增加，目前，学术界掀起大数据研究热潮，面对这样一个庞大而复杂的数据库，必须采用特殊的技术和设备，如磁盘、CD 和大容量的移动硬盘，不仅要确保档案资源的合理保存，还要确保能够迅速获得数字化档案资源，这都与数字化档案资源的存储技术有关，并且在存储结构与算法方面也要花费大量的精力。由于每个档案库中的资源都要进行更新，并且要对档案库进行实时追踪，这就要求对数字化档案信息源进行监控，所以，存储技术并非静止的，而是动态的。

（二）ETL 技术的数字化档案库

ETL 技术的主要功能是对数字化档案资源进行提取，再进行转换、清理，进而装载数字化档案资源，在这个过程中，各有各的作用，并且互相转化，一环扣一环，缺一不可，例如：要整合所有的档案资源，就必须从整个系统中提取有关的数字化档案资源，这就要求使用档案信息提取技术；之后，要对大量的、异质的数字化档案信息源进行处理，这就要求使用档案信息转换技术，对各种不同结构的档案资源进行定制化，消除各种异质档案资源信息之间的差异；清理技术的重点在于解决信息的冗余，同时还包含错误的档案信息、不完整的档案信息，对档案信息进行修复和排除；加载技术基于清理技术，根据一定的类别和逻辑结构将各种有效的档案信息输入到档案数据库，然后实现数字化档案资源集成。

第三章　参与式数字档案资源建设

第一节　参与式数字档案资源建设的含义与特征

"参与式"这一概念最早出现在西方企业管理中，是一种基于权利共享，激励员工积极参与公司的沟通和决策的一种方式。在早期，为了激发员工的工作潜力和工作积极性，推动企业作出科学合理的决策，将参与式理念引入企业管理体系。从个体层面上讲，员工的参与能够满足其个体的发展需求；从组织层面上讲，"参与"是提高企业的生产效率，达成企业的经营目标的重要手段。

伊丽莎白与凯特·天玛在 2011 年 SAA 会议上亦提出"参与性文件"的理念：一方面强调文件的参与性，另一方面强调文件的复杂性，并指出在互联网环境下，除文件专业人员外，还应借助社会力量进行文件管理，从而为参与性文件管理提供新的思路。虽然对于参与式档案馆的概念，国内外学者存在着各自的研究重点，但是他们都一致认为，"参与"是今后档案馆发展的一个新的方向。

目前，我国档案界对"参与性"这一概念的探讨，主要表现为通过各种方式吸纳社会力量参与到档案馆的建设中。但近几年来，我国关于参与式数字档案资源建设的研究，大多侧重于具体的实践方面，对于如何构建参与式数字档案资源，还没有进行过系统性的思考和探索。在整理和分析了国内外的研究成果后发现，尽管现在还没有一个统一的关于参与式档案资源建设的定义，但这不影响我们在进行数字档案资源建设的研究时，对参与式理念的认识。

一、建立数字档案馆的意义

所谓"参与式"数字档案资源建设，就是档案部门在进行专业化的数字档案资源建设时，会吸纳外部的力量来帮助其进行。在这些社会组织中，内部公众是社会组织的重要组成部分。档案馆坚持开放性的原则，以多种方式与社会组织进行合作，并广泛吸纳社会力量，共同参与到数字档案资源的建设中来。引入外部力量，既可以减轻档案部门的工作压力，又可以充实数字档案资源，还可以更好地满足社会大众对档案的需求，扩大档案部门在社会上的影响力，从而实现双赢。

二、数字档案共享的基本特征

（一）多元化

这种多元化的特征，在我国高校图书馆的信息化建设中具有重要的现实意义。

1.参加者多元化

参加者包括档案机构、社会组织和社会公众等，他们在某一项具体的档案业务上建立了合作关系，共同致力于档案业务工作的有效运转。例如，通过档案众包模式，档案部门将所需处理的数字档案资源上传至网络平台，社会公众根据自己的兴趣爱好承担工作任务，利用社会公众的群体智慧来完成相应的工作。此外，还可以通过档案外包的方式，将档案的整理、归档和数字化等业务外包出去。

2.参与模式多元化

它既可以利用网络平台来进行商业工作，也可以在特定的工作场所进行集中管理。可能是以公益的方式，也可能是以商业赢利的方式。例如，作为一名志愿者，在网站上进行档案众包，而各类档案外包公司则以市场化运营的方式与档案部门进行合作，并积极主动地参与到档案部门的数字档案资源工作中来。

3.参与主体多元化。

被调查的对象有多种文件资料。就其载体而言，可分为有形文件和数码文件。就其种类而言，可分为文字文件和音像文件。由于参与主体的多元化，档案部门可以将多种形式的档案纳入参与式数字档案资源建设中来，从而可以进一步减轻档案部门的工作压力，同时也可以针对不同类型的档案，进行有针对性的实践项目，吸引不同类型的社会群体，营造全民参与的文化氛围，加速数字化档案资源的建设进程。

（二）社交性质

参与式数字档案资源的社会属性，主要表现为参与的主体和服务的内容。首先，在社会保障的主体上，社会保障主要由各类社会组织和公民构成；只有通过社会团体、公民的积极参与，才能真正实现"参与式"数字档案资源的建设。特别是在档案众包模式下，需要大量的公众参与，而这种类型的档案资源通常分散且耗时较长。例如，为大量的文件做标记、转录等。这是一项庞大而又烦琐的工作，如果由档案部门的工作人员来完成的话，将会耗费大量的人力、物力和财力。所以，我们可以借用大众的智慧，来弥补档案工作人员在知识能力和人力成本方面的不足。

其次，就服务内容而言，参照系使服务更能符合大众的需求。参与式数字档案资源建设的终极目标是为用户提供使用服务。通过参考参与文化，可以改变当前的档案资源开发模式。社会公众通过参与档案资源的开发，参与了有关的工程，为未来的使用提供了方便，所以，普通民众从"消费者"变成了档案信息资源的开发人员。社会力量的参与，一方面有助于数字档案资源的建设，使用户可以更好地利用档案信息；另一方面可以促进档案信息的开发和利用，使档案信息的内容得到充分的挖掘，为用户提供优质的档案服务，满足公众对档案资料的需求。

（三）网络化

在此基础上，提出了以网络为基础的"共享型"数字档案资源的建设。在信息时代，人们已经习惯于使用网络与他人进行交流与互动。在这个过程中，人们可以不受时间和空间的限制，可以自由地获取自己所需要的档案资源，或者进行交流与互动。参与式数字档案资源建设的网络化特征，主要体现在工作平台上，网络工作平台可以提高社会公众的参与度，从而使档案工作得以更好地进行。比如，档案众包的实施，完全基于互联网，所有的工作都是在互联网上进行的。这种形式使工作变得更加灵活，可以将不同社会背景、不同地域的民众广泛纳入其中。用户可以灵活地参加，并且在任何时候都可以参加。网络平台的使用，使档案工作进行起来更为方便，极大地提高了档案工作效率。网络化的运作，不仅将参与式数字档案资源的特性展现出来，而且还极大地缩短了社会与公众之间的距离，让每个人都能够参与到这个过程中来，并贡献出自己的力量和智慧。

三、参与式数字档案资源建设的主要要素

在数字化的大背景下，数字档案资源的共享，将会牵扯到公众与公共文化组织、社会组织和公众之间的相互影响。在建设参与式数字档案资源时，档案机构要充分发挥其作用，从权利表述、激励机制、平台吸引等角度，让多个主体共同参与到数字档案资源的建设中来。

（一）关于权利的表述

随着社会民主化进程地加深，人们越来越重视档案权和档案需求。在一个国家的发展过程中，档案既是一种重要的记录工具，又是一架民众之间进行信息交流的桥梁，同时也是一种在社会发展过程中，民众诉求的真实表现。随着档案数字化进程的推进，人们对电子档案的使用日益关注。而公民档案权的实现和保障又是国家和社会之间相互关系的体现。要实现公民的档案权利诉求，必须从权利的表达形式着手，即"信息权利表达是参与主体合法档案信息权益的现实表现，同时还是法律赋予社会权利主体维护自身合法档案信息诉求的基本前提"。参与式数字档案资源建设，通过多种形式的参与，为公民实现自己的档案权利创造了更广阔的空间。

（二）激励机制

激励机制指的是在参与的过程中，通过各种物质或精神方面的奖励，比如荣誉、积分、排名等，来激发各参与主体的积极性和主动性。在当

前的交互平台中，评分奖励和评级晋升是最主要的激励方式，例如"百度知道"，在参与者回答他人问题后，会根据回答质量、用户接受度、回答数量等因素，对参与者进行评级，参与者从而获得相应的评级。随着百度百科、贴吧、知乎等互动问答类社区的快速发展，评分和级别晋升机制正逐步成为一种普遍而又有效的激励手段。参与主导者利用荣誉奖励、等级提升、名次换算等方法，鼓励和引导参与主体提供信息资料、贡献知识资源，让参与主体的队伍逐渐壮大，从而促使社会公众积极地参与到更多的档案资源建设项目中，从而让档案参与项目对参与主体的吸引力得到进一步提升。

（三）以平台为导向

"在互联网时代，社会化媒体环境中充斥着大量的信息噪声，使得有效信息难以识别并融合。"网络环境下，信息内容纷繁混乱，真伪信息相互交织，难以识别，能否有效、准确地获取真实的档案信息，是影响各参与主体是否参与的关键外部因素。数字档案资源平台可以为用户提供便捷友好的信息服务，帮助用户节省时间和精力，从而提高用户的参与热情。参与式数字档案资源平台建设可以让数字化档案的来源质量更高、资源构成更完善、使用更方便。在参与共享文化发展的背景下，参与主体也从纯粹的专业人员延伸到了其他社会主体，公众的参与方式也更趋向于线上参与，可以通过在互联网平台检索获得可以满足自己发展需求的数字档案资源。

第二节　参与式数字档案资源建设的困境

一、档案馆职能的确定

档案馆职能不仅是一种对人类历史的真实记载，而且是一种人类社会的宝贵财富。因此，档案部门应积极建设数字档案资源，对各类档案资源进行开发，为社会提供高质量的档案服务。目前，档案工作已开始重视社会服务功能，但受传统观念的影响，档案部门的现代化理念还比较落后，其中最突出的就是重藏轻用。首先，我国档案馆只注重档案资料的搜集，对档案资料的利用缺乏足够的重视。其次是档案工作人员没有树立起"以人为本"的工作观念，档案服务工作积极性不高，存有"看摊守业"的心态，服务形式单一，服务质量不高。最后是对企业核心业务的理解不够。档案馆在对档案资料进行整理时，往往会投入大量的精力，从而削弱了对档案内容价值的挖掘，无法为用户提供优质的档案服务。思维决定行为，档案馆只有转换角色，不断地更新自己的思维，才能将"参与文化"引进档案馆，才能最大限度地利用数字档案馆的优势。

二、对社区参与的认识

只有通过社会力量的广泛参与，才能实现参与式数字档案资源建设。只有广泛地吸引群众，充分地发掘、利用群众的智慧，才能让实习项目得到长足而稳步的发展。然而，当前社会公众的档案意识还比较薄弱，对档案的价值还没有完全认识，虽然他们拥有各种各样的知识背景，虽然他们有空闲的时间，但因为他们对档案有关领域的关注不够，档案宣传工作做得不够好，他们收集不到有关的信息，也就很难成为本项目的目标用户或积极参与者。同时，相关的激励机制也不健全，使得科研成果对使用者的吸引力不强，进而影响了公众的参与积极性。

三、关于保证参加结果质量的问题

参加者的素质是影响参加者服务质量的重要因素。若不能有效地控制参加结果的品质，将会导致人力、物力的浪费，甚至会危及档案资源的安全性。所以，在开展数字档案资源的共享过程中，必须严格控制好质量。然而，虽然有了相关的制度，但整个工作流程仍然存在着一定的不可控性，这种不确定的存在极大地增加了项目实施的风险和难度。

一方面，档案众包的主体是公众，其背景具有多样性。由于个人经历、知识背景、主观认知等因素的差异，众包生成的档案质量也会存在很大差异。例如，因为个人的知识层次、技巧等原因，可能会出现一些偏差，导致完成度不一致；在没有任何约束的情况下，那些被奖励冲昏了头脑的参与者只会让结果的质量大打折扣。

另一方面，社会团体在从事档案外包活动时，其素质也是良莠不齐。例如，缺少科学的运作机制，没有进行合理的流程管理，就会导致工作一片混乱，对结果的质量造成很大的影响。除此以外，由于外包方工作人员的专业水平不够，还会影响到档案整理工作的整个过程，从而导致档案外包的结果质量下降，还可能造成不必要的成本损失。

四、我国档案馆工作中存在的安全隐患

向外界开放档案可能会将档案馆置于安全隐患之下。首先，通过网络平台开展数字档案资源的共享，在共享过程中会遇到一些网络安全问题。例如，网页受到恶意攻击，会导致档案信息丢失或者被篡改；盗取用户的个人信息，是一种侵犯隐私权的行为；二次利用，可能会引起有关其知识产权的纠纷。另外，档案馆的数字化工作也被外包，这也带来了一定的安全风险。例如，因为对档案的保护意识不足，在对档案进行

整理的过程中，会导致档案本体的损坏，从而对档案的长期保存产生不利的影响，甚至还会导致无法弥补的损失。另外，档案信息的安全性也会受到威胁，有些时候甚至会危及公民生命。例如，不标准的数字化信息存储格式，有可能会导致信息不可读取；如果没有对信息留存的设备或系统进行彻底清除，很容易导致信息泄露；等等。所以，在进行数字档案资源建设的过程中，必须加强对其安全性的辨识与控制，以确保其安全性与可控性。

第三节　参与式数字档案资源建设的模式

一、个人参与方式

个人参与模式，主要是指档案管理主体通过网络平台，让社会个体协助其完成一些档案管理工作，吸收公众的智慧，以弥补档案工作人员在知识水平和人力成本方面的不足。个人参与模式的最大特征在于，这种模式的参与者都是能够将群众的创造力和智力发挥到极致的社会个体，能够以较少的费用为档案部门解决难题，从而充实数字档案资源，提高档案服务的品质。与此同时，还能够让参与者有一种成就感、参与感，并能够提高他们的个人能力。从整体上看，个人参与模式是一种可以使档案馆与社会大众双赢的、具有参与性的、可持续发展的数字档案馆建设方式。

（一）主要的个人参与模式

1.档案众包

其中，最普遍的一种个人参与模式就是众包。档案众包是一种可以实现档案部门和参与者之间互惠双赢的活动。众包是以网络为基础的，它的工作目标是通过公众的力量来达成的。"众包"指的是将工作任务发布至互联网上，由参与者根据自己的能力和兴趣爱好，来选择各种工作任务并加以操作。为了让更多的人参与到档案馆的工作中，档案馆通常会采取一些激励措施，给予参与档案馆工作的人一定的奖励。所以，在这一过程中，参与者会得到某种奖励以及某种心理上的满足，还会得到自身实力的提高。档案众包是一项系统化的系统工程，包括发起方（一般为档案馆）、参与方（一般为档案管理部门）和参与平台（网络平台）三部分。而群策群力则是一种很简单的工作，它是由发起方将群策群力的任务发送到一个网站上，然后由用户使用这个网站来完成群力的任务。在国外的档案众包方面，已经有了很多成功的实践项目，而在国内，这些项目还处于起步阶段，即使涉及，也没有取得显著的效果。

2. 社会媒体（Social Media）的应用

个人参与模式，除档案众包之外，还有一种以个人为主体，以社会媒体为载体的类型，在数字化时代，被称为"档案2.0"。这一类型的产生是由于大量使用社会媒体。社会化媒体因其互动性、实时性、便捷性和信息量大等特性，在信息的传播上具有独特的优势。随着数字时代的来临，以及档案部门的角色定位发生了变化，各种档案机构都主动地加入，它们纷纷运用各种社会媒体，试图与用户进行积极的交流与互动。

Web 2.0时代的来临，极大地拓展了用户的角色，使用户不再仅仅是用户。这些应用一方面为用户提供了方便的获取数字档案资源的途径，同时也为用户提供了多种互动与交流的方式，例如发表档案资源评论、分享各种档案资源以及创造新的信息。一般而言，档案工作人员可以使用社会媒体，让使用者加入资讯的创造，例如增加说明、上传资讯、统计资讯以及分享资讯。随着社会媒体的快速发展，各个国家都在积极地发掘它的潜能，NARA（美国国家档案馆）已经和大约20个社会媒体公司签署了一系列的合作协议，包括 Printerest、google+、Storify、archives viki、Historypin、Flickr、YouTube 等。通过整合不同的社会化媒体功能，用户可以通过阅读文章、发表评论、转发文章等形式进行参与。例如，

NARA 在 Flickr 中开设了一个账户，可以通过上传档案专题照片，吸引大量用户的关注。它独有的 Tag（标签）功能，可以让每个用户都可以在自己的朋友圈中分享自己对图片所添加的标注，这让用户更有参与感。

（二）个人参与模式的特征

1. 利用互联网平台

"个人参与"是指通过网络向社会个人转移一部分档案的管理权。为此，需要建立一个科学的、方便个人参与的网络平台。《全国档案事业发展"十三五"规划纲要》中，明确提出了"加快档案信息资源共享服务平台建设"这一要求，并在此基础上提出了相应的建议。在档案众包网络平台中，发起方所发布的任务包含各种类型的档案原件资源，这也是一种实现档案资源共享的方法，而完成的档案资源则可以为用户提供更加系统和详尽的共享服务。它既确定了工程的运作机制，又为工程的使用者提供了一个工作的平台。网络平台体系结构的科学与否，将直接关系到工程能否安全、高效运作。一个科学、合理、高效的互联网平台构建，涉及对项目的审核机制、应用接口、质量控制等方面的研究。严格的审核系统，可以审核、确认发起方的身份，辨别发布内容的真伪。一个合格的应用程序，应当界面美观，性能优良，操作简单，能够极大地改善用户的使用体验。而一个完善的众包评价体系，对于确保研究结果的质量至关重要。所以，在构建参与式数字档案资源的个人参与模式的网络平台之前，应该对其功能进行清晰的认识，并积极地加强与数字化企业和社会媒体的合作，将网络平台的构建、宣传推广以及后期的维护工作做好。网络平台的质量对工程实施效果有直接的影响。而这一点，则是通过互联网平台体现出来的。

网络平台应是一个具有良好网络性能、功能多样化、业务流程清晰的综合性平台。首先，它运行得很好。用户的体验主要取决于站点的表现。例如页面下载时间太长、图片无法显示、数据不完整等，都会引起用户的反感。试验结果显示，有 80% 的最终用户响应的时间花在了下载各种内容上，这一部分时间包含下载页面中的 CSS 图像、样式表、脚本、Flash 等的时间，因此，可以通过减少页面中的元素来减少 HTTP 请求的次数，从而对网站性能进行优化。所以，在设计网页平台的时候，要把重点放在改善网页的性能上。

其次，它具有多方面的特点。在提供基础操作的同时，平台也应该提供交互沟通的功能。尤其是在目前社会媒体快速发展的情况下，沟通不仅仅是快速的反馈沟通，更应该是一种跨平台的沟通交互，从而实现网页和手机的同步。档案部门应充分利用社会媒体，例如，开发相应的手机 App、注册微信公众号、设计适合手机浏览的应用界面，等等。方便快捷的服务功能，将有利于吸引更多人加入，并使其能够更好地利用碎片化的时间。除此以外，还可以提供分享功能，从而实现跨平台共享，这既可以满足人们的社交需求，也可以起到宣传的作用，让更多的用户能够关注并参与进来。最后，实现业务流程的明晰。一方面，项目实现的工作界面要简洁明确，操作起来也比较容易；另一方面，平台应该配备与之相对应的操作指南或培训视频等，这样可以让用户更容易上手，更快地满足自己的工作需求。

2. 把人民群众作为主要对象

个人参与模式的核心是大众，个人参与模式下的互联网平台应该以用户为中心并对其进行优化。参与式数字档案资源建设，就是要通过引入外在的力量来实现"参与文化"的构建，而个人的参与则离不开社会大众的参与。实践活动能否达到预期的效果，取决于社会公众的参与程度和完成程度的高低。社会公众在参与主体方面具有显著的优越性。一方面，公众对档案有某种程度的需求；作为档案服务的终端用户，社会公众对自己的档案需求有一定的了解，可以利用自己的知识背景，对自己感兴趣的档案信息进行加工。以民生档案为例，开发档案众包项目，将社会公众从档案信息的被动接收者变为参与者，能够发挥其智慧，加速数字档案信息资源的建设，并提高其质量。

另一方面，大众的知识背景很广，群体也很大。我国的档案资源类型繁多，内容丰富，数量庞大，要做好这方面的工作，不但需要耗费大量的人力、物力，而且需要更多的专业人才。因此，要解决这个问题，最好的办法就是集中群众的力量，发挥群众的智慧。

3.目的是使资源最优

个人参与模式，特别是其中的档案众包，可以对数字档案馆的建设进行进一步的优化和提高。在自我需求的驱使下，社会公众可以根据自己的知识背景、兴趣爱好，选择适当的众包任务，贡献出自己的智慧，参与到档案的开发工作中来，这对于促进档案资源的开发，将其社会价值进行最大限度地挖掘和发挥是非常有帮助的。根据国际上的实践，档案众包技术主要应用于文件的抄录、校对、标注和注释等劳动密集型工作。公众的参与，既可以提高档案的使用效率，又可以减轻档案部门的工作压力，使其更好地运用有限的资源。对档案资源进行优化，既可以提高档案工作的整体质量，又可以让档案馆更好地开展自己的核心业务。档案部门应该对档案信息资源的开发理念进行更新，掌握目前档案信息资源开发的现状，对社会大众的档案需求进行深入的了解，通过各种途径对档案信息资源进行开发，为用户提供优质的档案服务，使档案信息资源与档案信息需求之间形成供需关系，使档案信息资源的价值得到最大限度地发挥，以满足大众对档案的需求。

二、组织参与模式

组织参与模式，就是将档案管理主体的工作环节、功能和服务相结合，按照工作需求，引入外部机构，对档案进行管理和服务。最普遍的组织参与模式是档案外包，档案外包可以充分发挥外包机构的专业性、服务性等竞争优势，从而节省管理成本，提高管理效率。

（一）以各种类型的社会组织为主要对象

不同类型的社会团体都有自己的专业特点，它们可以把自己的竞争优势集中起来，建设自己的专门化的数字档案资源。引入社会团体，一方面可以实现资源的合理配置，节省开支；另一方面也可以让档案馆更好地专注于自己的中心工作，提高自己的服务水平。社会团体具有自己的核心能力。目前，国家档案馆，特别是综合性档案馆，拥有丰富的馆藏，种类繁多，在这些馆藏中开展数字档案资源的建设，既是一项艰巨的工作，又是一项耗时耗力的工作。但若仅凭其"一人之力"，则会造成费用高昂、人力紧张、不能专注于中心工作等问题。为了减轻档案馆的工作压力，应积极与外界机构进行合作，把一些工作外包给专门从事档案服务的企业。

相对于档案馆而言，外包机构具有能力较强的专业人才和较完备的软、硬件设施，能够为档案馆提供专业的外包服务。另外，因为外包机构主要从事于特定的档案业务，所以它拥有更有效的运作方式，它可以始终从事一项业务，拥有较高的工作效率，可以在一定的工作时间内完成大量的外包工作。近几年来，档案服务行业的发展越来越专业化，规模越来越大。随着时间的推移，越来越多的档案服务公司应运而生。近年来，我国档案管理信息化与数字化相关的法规与标准相继出台，为档案数字化管理提出了明确的要求与目标。因此，档案资料的数字化处理已成为档案服务行业中的一项重要业务。可以看出，发展档案业务外包，将是各大档案馆未来发展的必然选择。

（二）以管理为保证

通过组织参与模式来进行参与式数字档案资源建设的项目，所涉及的档案资源一般都是大量的，因为档案的特殊性，在进行档案外包时，还需要保证档案资源载体的完整性和档案资源内容的安全性。档案外包的风险有很多，如选择外包者的风险、档案实体风险、信息安全风险等，若不能对这些风险进行有效的预防与控制，不但会影响到外包的顺利进行，还会给档案馆造成无法弥补的损失。因此，要提高企业的安全意识，加强对企业的风险管理，采取相应的安全措施，做好对企业的风险预防与控制，以免给企业带来不良影响。因此，在进行档案业务外包的过程中，要建立起一套有效的风险防范体系，从而强化对档案业务外包的管理与控制。并在此基础上，提出一套有效的管理方法，以降低或避免可能出现的风险，从而在一定程度上将风险控制在可控范围内，将其造成的损失降到最低，从而确保档案业务外包的顺利进行。

（三）实行专业化管理

将社会组织引入数字档案资源建设项目中，由于参与的双方都是社会组织，因此，要想减少冲突，加强合作，就必须有一种专门的管理方法，来对各方面的利益进行协调。目前，我国在实施"参与性"数字档案资源的过程中，多以项目实施的方式进行。为使这项工作更好地进行下去，应根据自己的实际情况，建立专门的工作领导小组，对这项工作进行全面规划、指导、实施；在专业管理方面，还可以对组织中的参与双方的工作职责、权限范围进行明确，签订一份综合细化的合同，对双方的行为进行规范，并保护各方的合法权益；除此以外，档案管理机构还要根据特定的工程需求，与相关的国家标准、规范相结合，建立相应的规范体系，并制订相应的工作计划，使工程可以有条不紊地进行。

三、两个模式的比较

"个人"与"组织"两种常用的"参与性"模式。不论个人参与模式，还是组织参与模式，其目的都是要引入外部力量，使档案部门能够更好地进行数字档案资源的建设，从而减轻档案部门的工作压力，进而更好地完成相关的档案工作。但二者在参与主体、侧重点以及应用领域上仍有不同之处。

（一）参与主体的差异

在参与主体上，"个人"是指以"个人"为主体，而"团体"则是指以"社会"为主体。个人参与模式比较灵活，个人与自己的知识背景相结合，根据自己的兴趣爱好，可以自由地参与到各种类型的档案众包服务中，进入门槛比较低，不需要具备太强的个人能力，工作量也不大，可以随时退出，不会受到工作机制的制约。所谓团体，就是一个组织。这些组织都是专业的，在某些方面都有其独到之处。各单位应根据自己的专业水平，主动寻求合适的用户，参与档案部门的招标工作。

（二）研究的侧重点不同

在侧重点上，个人参与模式旨在利用大众的智慧，对分散的、针对特定主题的档案资源进行数字档案资源的构建，档案众包能够吸引具有各种知识背景的人员，并不具有很强的专业性。所以他们需要做的都是一些基本的、琐碎的、繁重的事情。个人参与模式通常要求参与者做一些简单的工作，如文件的转录、OCR校正或给文件加上标签。而组织参与模式，是借助企业自身的专业优势，将某一特定的档案业务外包出去。不属于档案部门的核心业务工作，是通过组织机构的专业技术和完备的软硬件设备来完成的。推行业务外包，一方面可以减少档案部门过载的档案事务，优化档案部门的资源配置，提高其核心竞争能力；另一方面，也可以节省人力、物力和财力，利用组织机构的专业能力，以最小的成本，在比较短的时间里，完成一项大规模、大批量的档案工作。所以，在组织参与模式下，档案资源建设是以大型的特定的档案业务为对象，其工作量很大，但也很有限。

（三）应用领域的差异

在应用领域上，个人参与模式是以互联网技术为基础的，它依靠的是互联网平台，大众参与档案众包不受工作时间和场所的限制，具有更高的自由度，所以，对大众而言，他们可以随时参加，也可以随时结束。组织参与模式并不局限于网络，而是更多地聚焦于特定的工作地点，对工作时间、工作地点都有一定的限制。组织参与模式通常不只是一种简单的运作，它涉及一系列的运作过程，涉及多个人的分工协作。从总体上看，个人参与模式的优点是可以让更多的人参与进来，而且个人比较自由、灵活，可以随心所欲。对档案馆而言，其投资费用相对低廉，并可吸收社会各界人士的智慧与想法。而组织参与模式的优点在于，它拥有专业的工作人员，以及昂贵而完备的软硬件设备，它的工作效率很高，可以在较短的时间内完成大型的档案业务工作。档案部门在选择参与方式时，应根据所要开展的实践项目类型、目标来进行科学选择，以最大限度地发挥各项优势，吸引参与者参与到数字档案资源建设中来。

第四节　参与式数字档案资源建设的策略

一、参与者的层次

（一）对档案情绪的发掘

在数字档案资源的建设中，公众参与可以使档案资源所包含的情感价值得到最大限度的释放，从而提高档案建设工程在社会发展进程中的影响力。首先，通过"诚信"和"激励"等方式，调动公众参与的热情和动机，通过"线上"和"线下"渠道，加强公众与"学者""专家""档案员"等多层次的交流，拓展公众参与的空间。其次，在搜集方面，以声频、视频、图片等数字档案为主，以展现档案的历史背景为重点，让档案馆的用户可以在其中直接感受到与其相关的事件和文化。最后，在此基础上，运用文献资料的叙述表现功能，将参加者的回忆及相关实务情境有机地联结在一起，引发情绪共鸣，进而获得更深层次的情绪体验。

（二）培养参与主体的参与性

一要增强公众的参与意识，二要增强组织的参与意识。当前，社会团体和组织机构等对档案资源的重视程度还不高，还没有营造出有利于档案工作的良好氛围。在此背景下，增强公众的责任感，鼓励、支持和引导公众积极地参与数字档案资源的建设，具有十分重要的意义。公共档案机构的工作应该以社会需求为导向，本着平等协作、互利共赢、服务实效的理念和态度，积极响应多个社会主体的服务权益需求和社会参与需求，并在某种意义上，引导公众重新审视过去与未来的关系，让他们认识到，积极参加数字档案资源的建设，对保护和维护自己的合法权益有好处，对促进集体记忆的建设、增强国家认同感也有好处。除此以外，目前，公共档案馆并没有充分认识到公众参与数字档案资源建设的重要性，因此，对于如何将其他社会因素引入数字档案资源建设中来的认识也较为薄弱。因此，我们应该逐渐地改变以往传统、保守的档案管理思想，转变数字档案资源建设工作只能由档案机构自己完成的观念，以一种更为开放、包容的态度，吸纳并接受各种社会力量参与数字档案资源的建设，拓宽公众的参与渠道，推出主题多种多样的参与活动，提高各参与主体的整体参与能力和水平。

二、参与的内容水平

（一）制订参加计划

当前，在数字档案资源建设的每一个环节，虽然将社会力量引入其中，并已经取得了一些成绩，但是，参与活动的范围很小，影响也很小，这就需要进一步提高社会的关注程度和参与程度。所以，在数字档案资源的建设中，必须在横向和纵向两个方面，进一步加强社会力量的参与，以达到数字档案资源的建设和公共档案权益保障的双赢。在水平维度上，要积极引导社会公众参加数字档案资源的建设，向他们介绍参与建设所需要的有关知识和需要注意的问题，并在实践中培养他们的参与意识。

公共档案机构还应该及时更新档案参与活动，充实已有参与档案项目的主题，并针对数字档案资源建设的现状，提出新形式的志愿档案工作，让每个公民都有持续参与到数字档案资源建设工作中的机会，这对于组建专业化的数字档案资源建设队伍是非常有帮助的。在垂直方向上，在数字档案资源的建设中，公共档案馆可从丰富参与内容、扩大参与的业务领域、使参与方式多元化等方面着手。比如，档案网站以及微媒体平台，除要对各类档案资料信息进行广泛收集，并提供在线留言互动之外，还要进一步开发数字档案资源处理、加工等方面的参与项目，让社会力量参与资源建设的形式变得更加丰富，可以借鉴国外参与项目开展的经验，在立足于现实的基础上，提供贴标签、转录、翻译等多种实践机会，让具有不同水平、不同背景的参与主体可以进行参与选择。

（二）改进文件数字化的统一规范

为了使社会各个方面的工作顺利地进行，要按照规范化的要求来进行，需要有相应的规范。标准规范具有的科学性和权威性，既能最大限度地发挥其在数字档案资源建设中的效能，又能为社会力量参与数字档案工作提供一种工作指导方针。在推动馆藏档案资源数字化的过程中，必须对与参与数字档案资源有关的档案管理制度和标准规范进行完善，只有建立起一套完整的参与式数字档案资源建设的规范标准体系，才可以为数字档案资源的发展提供良好的环境。在制订共享型数字档案的有关标准时，要注重规范化和通用性，避免冗余。还要注重规范的精简形式，在参与的范围和参与的程度上对参与档案资源的种类进行归纳，将相关的参与资源限定在一定的类别之内，对符合法律规定的时限内的一般性规范要求中的规范类型进行适当的调整，以实现一般性参与要求的标准化形式，以避免因为参与内容的交叉而导致的管理混乱。

三、参与媒体的层次

（一）加强档案保密意识的培养

在数字档案资源建设过程中，每一个参与主体都要自觉地维护好自己的档案资料的安全，坚持档案安全的底线思想，保证数字档案资源建设的每一个环节和档案信息的安全。构建良好的数字档案安全理念，有赖于所有参与者的共同努力。数字档案资源建设的主导机构应该对参与活动中的每一个重要环节进行明确的划分，为每一个节点指定一名档案安全监督者，并做好资源传送的记录，让所有的参与主体都能清楚地知道在使用档案时可能会出现的安全问题以及相关的法律责任。此外，还应该定期地对机构参与制度进行维护和改进，确保电子文件的安全备份，以便在紧急情况下使用。档案参与者要主动改变信息安全的理念，认识到网络信息化中可能存在的风险，提升自己的档案信息化素质，增强自己的安全防护能力，避免数字档案的泄露、丢失、损毁以及不当使用；与此同时，应该强化对档案工作人员关于数字档案安全知识的教育和培训，并对数字档案在参与主体间的流通过程进行监管，设置后台，实时地将数字档案资源建设的各个参与流程记录下来，并及时地对其进行检查。最后，构建数字档案资源的安全管理系统，对参与主体和通道的信息进行严格的审核，以保证数字档案的可持续发展。

（二）扩大对平台的参与

随着微媒体和数字技术的发展，各类数字档案参与主体应该主动丰富档案资源，拓展数字档案服务互动平台，打破档案机构与用户之间的档案信息不对称，最大限度地实现数字档案资源共享。此外，除了参与式数字档案门户网站，更应该积极设立一个直观、丰富的微媒体账户，拓展与公众互动的反馈渠道，营造出良好的参与氛围。例如，开设一门专门向广大群众开放的档案专业课程，以教师和学生为对象，对他们进行档案文化教育；将公共档案站点中的开放数据，与博物馆、科技馆、图书馆等社会文化机构进行互联，借助互联网平台，实现对数字档案资源的跨时间和跨空间的共享。通过数据联合建设平台，档案使用者可以访问各个文化机构中的数字档案资源，让参与主体可以在使用档案资源的过程中，享受一站式服务。此外，抖音、快手、哔哩哔哩等多个媒体平台的影响力也在不断扩大，比如，吉林四平公安局在抖音平台上注册的账号"四平警事"，目前已有上千万名粉丝，这大大提升了公安信息交互平台的宣传效果，拉近了广大群众和新闻工作者之间的距离。同时，这也给我们提供了一种新的参与渠道，在数字档案资源建设中，我们可以与不同的媒体平台相结合，将媒体平台本身的宣传优势和服务功能充分发挥出来，通过构建不同的数字资源参与渠道，来提高公众的参与积极性。

四、参与程序水平

（一）土地所有权的风险

首先，社会各方在利用媒体发布数字档案前，应事先甄别档案的合法性和真伪，准确评价档案的内容是否受到有关版权法规的保护。在受著作权法保护的数字档案资源中，为了预防侵犯知识产权人所享受的合法权益，在进行档案的传播和利用之前，必须取得版权人的授权；档案资料内容的真实性及完整性应予保证，并注明著者姓名及出处，以保证其著作权不受侵犯。其次，要针对数字档案资源的转移，建立健全监测体系，对信息资源的转移进行实时的跟踪、评价和预警。当知识产权发生不可回避的危险时，参与者和媒体都应该立即采取措施，阻止这类数字档案信息的扩散，并及时予以删除。最后，各参与方要严格遵循法定的合理使用底线，把握好数字档案信息的可利用性，明确其在数字档案资源建设中所提供的信息传递权，营造出尊重知识产权的社会氛围。只有在整个参与式数字档案资源建设的全过程中，对知识产权制度体系进行不断的完善，才能为社会力量参与到档案事业的发展中提供一个可靠的保障。

（二）提高数字经济的发展水平

在档案数字化的过程中，对政策的准确解读，以及对自身发展的科学定位，都会对数字档案资源建设的总体走向产生影响。因此，在数字化发展起步阶段，档案机构应该立足于根本，并与自身的能力相结合，对机构馆藏、设施基础、人才配备、财政经费等问题进行考虑，并以对国家目前所制定的政策规划的深入解读为基础，结合其发展现状，制订出一套科学的策略和目标。除此以外，对于因经济落后而导致经费短缺的问题，可以采取多种激励措施，来减轻数字化所带来的经济压力。比如，将公共档案机构的业绩指标与其财政拨款额度相联系，利用提升其绩效来争取财政拨款额度，这样不仅能够提升公共档案机构的业务积极性和对其发展的重视，还能在一定程度上，加快因经费不足而被延缓的数字化进程。对于市场企业来说，要积极推进馆企之间的合作，从而提高各个领域企业在数字档案资源建设中的地位。政府可以通过减免税收、优惠补贴以及精神表彰等激励形式，鼓励企业参与到数字档案资源的建设和服务中，通过合作，引进数字化设备和人才，推进数字化工作的顺利进行，从而更好地保证数字档案资源建设的顺利开展。

第四章　档案信息服务创新

第一节 档案信息服务创新的必要性

一、服务创新是档案事业发展的必然要求

档案馆的发展经历了一个长期的历史进程，传统的档案馆主要是将历史资料和重要档案存放在档案室中，以便进行查询和使用。但是，随着时间的推移，不管是档案馆的规模，还是档案馆所保存的档案种类，以及档案馆的查阅服务功能，都发生了很大的改变。本节从档案馆自身发展的需求出发，探讨了档案信息服务创新的必要性。在当前的时代，经济飞速发展，信息已经成为人类社会的资源基础。根据这一观点，发达国家率先展开了技术革命，并掀起了以信息资源为核心的社会信息化浪潮。它的诞生，标志着人类社会逐步进入了信息时代。随着科技的发展，知识信息的处理和传播也将越来越社会化，并将成为推动社会前进的重要力量。由于档案资料来源丰富，传统的档案管理与服务方法已无法适应目前的档案资料状况，也无法适应现代市场的需求。这就要求档案工作人员改变自己的职能，使档案工作步入新的发展阶段。

（一）新理念、新形势是档案信息服务创新的先决条件

在人类文明的发展过程中，档案馆是一个不可缺少的重要组成部分，从古代藏书的藏室到现代向公众广泛开放的档案馆，一直都在散发着历史的光芒。当今世界，科技的飞速发展，使人类的思想观念、社会生活的步调等都发生了巨大的改变。如果档案工作还停留在过去的成绩上，是不可能跟上快速发展的经济与社会的步伐的。因此，面对新形势，档案馆必须积极应对，积极寻找新的发展空间。而要实现这一重要的战略性转变，必须先进行思想上的更新，用思想来引导行为，在新的形势下做出新的行动。

（二）新内容和新领域是档案信息服务创新的根本

信息技术的应用，是对信息技术应用的理论指引，信息技术的应用必须适应社会发展的变化。因此，当档案馆自身的观念、思想发生了变化以后，就需要对档案信息服务的内容和领域提出新的要求，不能再拘泥于传统服务的某一种模式，要扩大档案信息资源的范围，对档案信息服务的内容进行创新。这就是档案事业发展对服务创新的要求。比如，对于中国遗失在国外的档案，传统的档案馆往往不会做有效的统计、整理、回收工作，而现在，随着科技的进步，我们有了一种能够回收遗失在国外的档案技术方法，这就为我们提供了一种可能，为我们提供了一种全新的信息服务。

二、服务创新，以适应档案用户的需求

要准确掌握社会对档案信息服务的需求，就必须以档案用户为出发点，根据档案用户的不同，区别对待。

（一）集体和个体用户的需求

档案部门主要是为集体用户服务的，他们经常是怀着一定的需求和目的到档案馆查询数据的，他们使用档案的频率很高，查询范围也比较固定。对于集体用户，档案部门应该更加从容，能够在对他们的工作任务和利用需求有充分了解的基础上，加速档案服务创新的进程，比如有目标地创新某些档案检索工具等。虽然个体用户在所有用户中所占比例不大，但近年来也呈不断增加的趋势。个体用户常因某个特定的问题而寻找资料，其中也包括少数的全职工作者、学生和历史爱好者。他们的需求一般都是针对一些具体的问题，虽然这些问题有难度，有很高的细节要求，但是只有满足了他们的需求，才能使档案的价值得以体现，因此，档案部门应该与时俱进，加大服务创新力度。

（二）主要、次要以及潜在用户的需求

主要用户指的是长期使用档案的单位或个人，他们与档案部门有着

千丝万缕的联系。比如，学校档案馆的用户主要是学校里的学生、教师或领导，他们对档案信息的需求也是最大的，因此，档案信息的服务品质对主要用户的利用水平和满意度有很大的影响。因此，在服务创新中，档案馆要首先满足这些人的需求。尽管次要用户使用档案的次数不如主要用户多，但一旦使用，他们就会对档案信息服务提出更高的需求，是档案部门不能忽略的一个服务对象。潜在用户指的是，他们对档案信息有需求，他们有使用档案的动机，但是还没有付诸行动。这通常是档案馆与用户之间的信息交流不顺畅，用户对档案部门的收藏内容和检索方法不了解导致的。档案管理部门要重视潜在用户的成因，并采取行之有效的方法，加强双方之间的信息沟通，把潜在用户变成现实用户。

（三）调查、交易和咨询用户的需求

研究型用户通常将档案用于学术研究、编史修志等方面，其对档案的需求具有长期性、大量性、集中性等特征，因此，研究型用户常常需要集中查阅大量的档案史料，因此，对档案信息的检索方法和信息资源的完整性有着更高的要求。在此背景下，我国档案馆应着力于提高情报服务水平，主要包括：创新情报服务方式，丰富情报服务内容，以满足科研人员对情报服务的更高需求。事务型用户，仅仅是为了完成一项特定的工作，他们对档案的要求和目标都很简单，他们所要求的是快速、精确地使用档案，这就要求档案馆提高准确性。咨询型用户需要的是最简单的档案信息，使用的方法也是最方便的，使用的时间也是最少的，通常可以通过口头表达、书面回复或者向用户提供文件证明等方式来满足他们的需求。为满足上述各类用户在短时间内的高标准需求，档案工作必须与新技术相结合，进行创新。

第二节 数字档案信息服务概述

一、数字档案信息服务的内容

（一）传统档案数字化

数字档案指的是，在保证传统纸质档案信息原始真实的情况下，转换其记录方式和载体形式，通过现代多媒体通信技术以及计算机应用，将原始的档案材料进行格式转换，转换成图片、声音和视频文件通常是利用对文件的扫描、压缩等方式进行的，然后利用分级别管理存储、图片识别文字等技术扫描文件进行数字化处理，将文件里图片和索引文字都存储在某种容量大的介质上，实现信息共享利用，用户可以使用不同的查档方式，对所需要的数字档案信息进行快速检索。

（二）数字档案信息的采集

数字档案信息采集的根本目的是满足用户的信息需求，通过各地档案机构对分散的档案信息进行信息资源的集中，并且建立资源库。数字档案平台突破了传统档案信息收集的方式，从各个渠道收集特色档案，并进行资源整合，力争做到数字档案的类型能够涵盖社会各个领域，能够为广大的人民群众所使用。

（三）档案信息资源的开发

档案信息资源的开发是指档案部门使用专业方法以及现代化技术，根据各界的需求发掘、加工、存储所保留档案中有价值的信息供人们使用，从而实现档案的价值。其中包括对自然资源的开发利用，对文化资源的收集、发掘，等等。档案信息资源的开发实际上也是在传承和保护文化，为了展现每个阶段的历史风貌，追溯历史文化和传承传统文化，使得使用者认识、了解档案在文化发展中的价值，这也是档案信息资源开发的意义。

（四）数字档案平台的基础设施建设

数字档案平台的基础设施建设包括数字化设备的建设以及安全防备设施的建设。其中，数字化设备的建设以保护实物和有利于后续开发利用为首要目的，力求数字化成果展现档案的真实原貌；安全防备设施的建设是为了保障数字档案在信息传播共享过程中的信息安全，其中包含消防设施、报警设施、防火墙等，争取全方位、多角度地保障信息安全。

（五）建立特色数据库

建立特色数据库是为了使纸质特色文化信息广泛传播，发挥其独有的学术价值和收藏价值。特色数据库其中包含红色档案数据库、产品档案特色数据库、高校特色档案数据库等，建立这些特色数据库不仅仅能体现出档案的价值，而且对数字档案信息服务具有一定的积极推动作用。

（六）数字档案信息个性化服务

数字档案信息个性化服务是指基于用户平时的浏览行为分析出用户的爱好、兴趣、习惯等，然后根据不同用户群体的个性化提供定题、定点、定期和定时的数字档案信息服务，基于个体用户的差异性，根据其特性去提供针对性服务和符合用户心理需求的服务。由此，可将数字档案信息个性化服务理解成：数字档案利用现代网络、通信技术对传统档案进行档案数字化，从加强档案信息的采集、加强基础设施建设、建立特色数据库等活动入手，为数字档案信息用户提供个性化服务或开发特色鲜明的数字档案信息个性化服务产品，满足用户的需求。

二、数字档案信息服务体系的构成要素

（一）工作人员

数字档案平台的建设需要档案部门与政府、事业单位、企业、高校等相互合作，由此可以看出，数字档案信息服务的工作人员不仅包含档案馆的职工，还包含政府、事业单位、企业以及专业的档案工作人员，或者是某些高校中从事档案编研的工作人员。虽然工作人员所处的

单位、所担的职能不一样，但是可以将其大致分为以下两类：第一类是直接为用户提供数字档案信息服务的工作人员，在数字档案管理系统平台对用户信息经过分析后，通过完全不一样的方式将档案信息分享给用户；第二类是在用户遇到问题时为他们提供专业的信息解答服务，对于用户所遇到的疑难困惑通过信息服务的方式为他们及时提供所需要的帮助。

（二）用户

数字档案信息服务的对象就是用户。随着互联网信息传播技术的发展，网络共享传播信息时代的到来，数字档案隐性用户增加。许多人如今只要在生活中碰到相关问题，就会上网查询数字档案。另外，因为地域、身份、教育背景、文化素质等方面的不同，用户信息需求也呈现出多样性和差异性的特点。在数字档案信息服务体系中，用户处于特别重要的地位，是数字档案信息服务顺利进行的源动力。用户体验满意度反映了当前数字档案信息服务的水平，同时也反映出某些用户对于信息需求的真实满足情况。

（三）数字档案数据库

这里的数据库指的是目前数字档案信息整合后的资源总量。为了方便用户利用和检索，工作人员将计算机系统里的数字档案数据库分为了两个，分别是数字档案全文数据库和数字档案目录数据库。数字档案全文数据库中所储存的是所有档案信息资源。数字档案全文数据库作为数据库的主体涵括了电子文件、声频、照片、视频等多种多媒体文件。而数字档案目录数据库是对数字档案全文数据库整合的所有档案文件进行目录分类，方便用户检索。

（四）数字档案信息服务流程系统

数字档案信息服务流程系统中的"流程"是指在数字档案信息服务的时候需要对应的步骤流程，通俗来说就是首先对数字档案信息进行开发、挖掘、收集、共享等流程后，再将其有价值的部分进行资源整合，最后这些资源可以通过数字档案平台为用户提供信息服务。上述一系列的步骤组成的服务内容就是所谓的数字档案信息服务流程系统。

（五）数字档案信息服务输送平台

数字档案信息服务输送平台向用户输送与展示所有集成后的数字档案信息资源，这个平台以用户需求为前提，以用户积极体验为目的，直接向用户开放。

（六）信息集成技术

信息集成技术是数字档案信息服务流程系统和信息服务输送平台得以运行的技术保障，它也是提高数字档案信息服务质量的重要条件之一。

三、数字档案信息服务的用户分类

用户作为数字档案信息直接服务的对象，用户体验是将渐渐决定用户使用过的数字档案平台存在发展的核心要素。数字档案平台一旦失去大量用户群体，那么这个平台就将彻底失去存在的意义。用户查询、利用数字档案可以不受时间与空间的限制，所以用户群体十分庞大，用户来自不同职业类别，用户所在的区域也会越来越广。由此便可以根据用户的这些细分标准，将数字档案信息服务的用户包括潜在用户分为不同类别。

（一）按数字档案使用频率划分

依据用户使用数字档案的频率划分，数字档案用户可以大致分为偶然用户、活跃用户、流失用户三类。偶然用户指的是访问数字档案频率特别低的临时用户，他们一般是由于一时的学习需要，或是生活中、工作中遇到了很突然的问题，或是单纯地抱着休闲娱乐的目的想要访问数字档案从而去获取所需信息；活跃用户访问数字档案的频率相较于偶然用户更高，活跃用户基本上都是从事档案工作的人员、从事档案研究的科研人员或本专业的高校师生等；流失用户指的是那些逐渐放弃通过数字档案获取所需的资源或服务的人，他们一开始查询、利用数字档案的频率比较高，到了后期，由于数字档案馆提供的资源不能满足其利用需求，或者提供的信息服务不主动或不及时等，不再常查询数字档案。

（二）按数字档案真实凭证性和参考作用划分

按照数字档案信息资源固有的真实凭证性和参考作用进行划分，数字档案用户可以分为以下几类。第一类用户需要通过证实数字档案信息资源的权威性、原始性和真实性，借助数字档案馆中的一个或多个客观存在去解决生活与工作中存在的问题。第二类用户来自不同职业、不同专业，需要从由不同数字档案信息资源建立的知识库以及特色数据库中满足查询需求，这类用户绝大多数是科研人员或专业学者。除上述两类用户之外，随着数字档案在互联网的兴起，目前还存在一类用户，他们访问数字档案只是为了单纯地满足好奇心得以休闲娱乐。这一类用户群体是由于对档案产生的猎奇心理，从而查询、利用数字档案去了解从古至今的中外名人、地方特色、风土人情以及家庭档案等。

（三）按档案信息透明度划分

由于数字档案是一种比较特别的信息资源，与其他类别的信息资源不同的是，档案信息透明的程度会根据信息服务对象的差别而有所不同，根据这种差别可将档案用户划分成普通大众用户与机密档案用户两类。普通大众用户指的是没有通过数字档案馆授权，没有被纳入档案开放范围的用户群体，他们可以阅读和自由翻找符合法定条件、已过保密期限的数字档案，以及通过门户网站等途径向大众完全开放的数字档案。机密档案用户则是指通过了特殊档案的授权，在特定、有限的使用时间内可以使用普通公众用户无法访问的特殊数字档案馆藏资源。这些通过了特殊档案使用授权的用户只能在这些数字档案开放的时间与范围内使用这些机密的数字档案资源。机密档案用户利用完数字档案资源后，须保证不向外界泄露，从而保护机密数字档案信息。

四、数字档案信息服务遵循的原则

（一）信息真实

数字档案具有原始记录的性质。从时间上看，数字档案不是未形成或正在形成的，它是通过已经完成了的社会实践形成的原始记录，数字档案从过去到现在再到未来都会连接着人类社会的历史连续特性。数字档案是人类历史文化遗产的重要组成部分，具有支撑真实历史的重要意义。无论是传统载体记载的档案信息还是经过数字化后的档案信息，它们都具备原始记录性，档案信息不只是有原始记录性这一特征，同时它还具有真实凭证性，真实凭证性是图书和其他资料无法体现的。档案由于信息真实性强，所以更能还原历史的本来面貌。数字档案信息记录是个人和社会组织以及政府机构等在社会活动过程中的行为，不论是早期直接形成的档案信息资源，还是后期通过对传统形式的档案资源进行数字化而形成的各种数字档案信息资源，它们都具有人类社会历史记录性。信息真实特性使得数字档案可以最大限度地真实还原历史场景，信息真实性使得数字档案有再次重现历史本来面貌和历史发展过程的可能，因此数字存档有利于人类社会记忆得以传承，有利于人类文化遗产的保存、促进文化交流和推动文化创新。

（二）信息安全

开展数字档案信息服务时保证信息的安全性是首要任务。不管从管理层面还是技术层面来说，数字档案信息服务的整个过程都应该全面地保证档案信息的安全性。从管理层面来看，工作人员应该接受有关信息安全性的培训，提高工作人员对信息安全的敏感度，还需要制定信息安全管理制度，以制度追责来保障信息安全。从技术层面来说，数字档案信息系统的构建、服务器的维护以及数据库的构建，到最后为用户所利用这些步骤都需要规范化和遵守相关信息安全制度，涉密信息更要遵守《中华人民共和国保密法》的规定。用户在利用数字档案信息的时候，也要严格遵循安全性规定来保证信息服务的全过程的信息安全。

（三）以用户为中心

用户是数字档案信息服务的直接对象，用户体验信息服务后的评价基于对数字档案信息服务的满意度。所以，在构建数字档案信息服务系统的时候，就要遵循以用户为中心的原则，而这个原则需要贯穿整个数字档案信息服务的过程。在开展数字档案信息服务前，先需要了解用户的需求和得到用户反馈的意见，再制定出适合用户个人习惯的系统服务模式。开展数字档案信息服务的整个过程中需要考虑到用户体验，使用户利用数字档案时更加快捷便利。然而纵观现在数字档案信息服务的工作，用户体验并没有得到足够的重视，因此，首先要使工作人员树立以用户为中心的思想理念，其次要通过一系列的管理制度和新兴技术去提高服务的水平，最后不断完善信息服务方式，以使用户满意为目标去奋斗。

（四）公共价值性

公共物品或公共事务在追求和实现公共利益的时候，体现了民主参与价值的行为属性，这种属性就是所谓公共价值性。用户对数字档案信息服务的需求，随着目前经济社会的转型与用户公共意识的增强被逐渐激发出来，各种信息服务手段也不停出现，使用数字档案信息服务的用户群体不断增多，开放共享、自由公平、提升效能的观念已经成为我国数字档案信息服务的价值引导，数字档案馆建设的核心要素就是数字档案信息资源，数字档案信息资源将直接影响数字档案信息服务，同时也能够使得数字档案信息服务体现出更好的服务价值。数字档案信息资源属于国家信息资产，是政府公共服务能力体现的重要组成部分，有助于满足用户对数字档案信息服务的需求。

第三节　数字档案信息智慧服务概述

一、数字档案信息指挥服务的特征

（一）以服务为中心

单位档案室既是单位内部组织机构，又是国家档案事业的组成部分，"档案工作的根本性质就是服务性"，这一点仍是数字档案室建设的根本出发点。因此，数字档案室建设应该围绕如何利用单位信息化建设成果为单位提供更好的档案信息服务来进行。

（二）突出数字文档的流动特征

企业信息化建设的一个显著特征是：企业的各种工作联系和成果，常在企业内部形成、传递和利用，不再以"人工"的方式进行。因此，必须针对单位数字化文档（记录）的生成、传递、修改、保存和再利用等特征，开展单位数字化文档（记录）的建设，使其实现"网上办事"的全过程，并与单位信息化系统"无缝连接"，为其提供即时的档案信息服务。需要注意：OA系统是指办公自动化系统；CAD系统是指计算机辅助设计系统，包括计算机辅助制造（CAM）系统、计算机辅助工艺设计（CAPP）系统等；PDM系统是企业的产品信息化管理体系；ERP系统是企业资源规划。这就要求我们认识到，不同类型的单位，其信息化管理是有很大差异的。

（三）文件载体之间的兼容问题

虽然各部门普遍实现了"网上办事"，但仍有不少文件是以传统方式存档的，如纸本、光盘、实物等。因此，在建设数字档案馆时，只有充分考虑到怎样"兼容"传统的载体和"虚拟"的电子文件的载体，才能为各单位及时地提供数字档案信息服务。

（四）需要关注的是业务模型的便利性

在实现"网上办事"的同时，也要对传统的档案载体的服务方式进行全面的思考。

要为电子文件的"网上办事"开辟一条新的渠道，比如通过信息化系统"虚拟"存档电子文件，按照各单位的职能划分，通过档案馆的权限，实现电子文件的网上借阅和拷贝，实现电子文件的网上数据统计和其他信息服务。国家档案局经济科技档案业务指导司企业档案业务指导处副处长蔡盈芳表示："在'放管服'的大环境中，政务档案资讯使用服务，应该与政府的改革步调同步。准确定位，明确服务需求，是开展服务的基础与前提。"

与此同时，还应该考虑在数字档案信息服务的环境中，如何满足因保密（国家秘密或企业秘密）、载体特性、归档文件的珍贵性等不便提供公开的、受限的档案信息服务的需求。

二、建立数字档案信息智慧服务模型

信息服务活动是以信息用户为导向，以信息服务者为纽带，以信息服务内容为基础，以信息服务战略为保证的一种活动。而对用户、服务者、服务内容和服务策略等组成要素以及它们之间的相互关系的描述，就构成了一种模式。现代信息社会正朝着智能社会迈进，智能社会的特点是：动态感知（物联化）、泛在互联（网络化）、共享集成（知识化）、智能应用（智能化）。这四个特点通过对信息技术的高度集成，以及对服务理念的持续更新，将人类社会与物理社会进行了融合，最终达到了智能的境界。所以，在智慧社会中，技术的应用与环境的变化，将会对数字档案信息服务的要素产生影响，从而产生出更便捷、更高效、更智能的服务方式。

数字档案是智慧社会的一部分，其智慧来自何处？它一方面来自人们收藏的"大智慧"，如经验和知识；另一方面来自大量使用各种新技术的数字档案。这一新科技背景下的数字档案信息服务模式，就是"运用现代资讯科技与智能化科技，以一种更为智能化的方式，来改变使用者与档案资讯资源之间的互动方式，以提升互动的明确性、灵活性与反应性，进而达到'档案资讯服务'的目的"，也就是所谓的"智慧型"档案信息服务模式。

（一）档案用户的动态知觉

在提供数字档案信息服务的过程中，除受自身需求的驱使之外，还受多种外部因素的影响，因此，对用户的需求进行全面、准确、实时的感知和把握显得尤为重要。在智能社会中，无纸化、数字化、移动化是用户使用资讯的主要特点，用户在使用数字化工具进行资讯的搜寻或使用时，都会产生记录，把记录联结在一起，便能推断出用户的思维动态与行动习惯。用户的行为可以反映出用户的需求，"通过对用户在数字化环境下的行动轨迹、点击历史、浏览记录、信息反馈等直接、真实地展示用户性格、偏好、意愿等相关数据进行分析后，这对信息服务机构感知用户需求、感知未来发展趋势等有很大帮助，也方便信息服务机构对信息筛选、信息处理和信息服务等做出更科学的决策"。

1.档案的用户要求特征

信息需求是用户行动的起点，也是用户行动的根本动因。随着网络化、智能化技术的不断发展，档案资料用户的需求也随之改变。

一是档案馆的用户更加多元化、网络化。一方面，档案用户不再只是专家、学者和政府、企事业单位的管理人员以及工程技术人员等公职人员，但它们所占的比例是绝对的。现在，普通公众在档案用户中所占的比例变得越来越大。档案用户人群已经扩展到了普通市民、农民、技术人员、学生等更广阔的范围。另一方面，在使用档案的用户人群中，实地到馆的用户已经不再占据绝对的比例，更多的档案用户是通过网站和网络工具来获得档案信息，而网络用户将会逐渐成为档案用户的主要群体。

二是档案用户对档案资料的质量、数量要求较高。在互联网环境下，信息超载和信息污染等问题给用户准确、有效地获取信息带来了很大的困难，而那些易于获取的信息往往没有什么价值，一些虚假的信息还会给用户带来损失，所以，真实、准确的档案信息就成了用户获取高质量信息的一个主要选择。此外，当档案用户从网络上可以直接获得大量所需要的档案信息之后，他们就会更重视资讯的品质，希望能准确而有效地获得解决问题所需要的关键信息。

三是档案用户的档案信息需求向数位化、移动性、知识性的方向发展。随着 5G 网络技术的快速发展，5G 时代到来，档案用户有了新的档案信息需求。中国新闻出版研究院发布的《第十五次全国国民阅读调查报告》显示，2017 年，我国成年国民对数字阅读模式的使用率达到了73.0%，其中，手机阅读的使用率达到了 71.0%。这表明，数字阅读模式正在逐步取代传统的纸本阅读模式，网络数字图书馆的使用率也呈现出了超过实体图书馆的趋势。中国互联网信息中心发布的 41 次《中国互联网络发展状况统计报告》显示，目前互联网用户使用手机上网的比例已经高达 97.5%，并且人们越来越多地使用手机、平板、笔记本和手持阅读器等移动终端，以满足"碎片化"的信息需求。此外，档案用户的档案信息需求从资源化转向了知识化。在生活节奏明显加快的互联网时代，档案用户已经没有了足够的耐心从文件堆中去寻找信息。他们也不再对获得数量庞大、零散的信息资源感到满意，而要求获得整合后的、有序的知识资源。

2.档案用户数据的采集

档案用户数据采集指的是，通过一定的方式和途径，获得与档案用户特征、偏好、行为等相关数据信息的过程，可以使用传统的人工和现代技术等手段来实现。传统的手动获取档案用户信息的方式主要有：信息登记法、问卷调查法、访谈法。采用信息登记法能够高效地获得用户的基本信息，并对其进行使用；采用问卷调查法，可以有效地利用具有针对性的调查问卷，来了解某一类档案用户群体的共同需求特征，或者某一类档案相应的用户利用的内容、频次和范围等；采用访谈法有利于对用户的需求特点进行动态掌握，对用户在利用档案过程中得到的各种信息反馈进行全面的了解，也可以为个性化档案信息服务提供相关的数据支撑。

在现代技术采集方式中，使用较多的是自动采集技术，从客户端获取的 Cookies 和从服务器获取的 LogFiles 中抓取数据。这些数据包括用户的性别、年龄、类型、工作性质、兴趣爱好、浏览习惯等基本特征，也包括点击频率、用户会话、停留时间、浏览页面、下载或打印内容等行为特征。除此以外，随着互联网和物联网的不断发展，利用移动技术、RFID 技术、人工智能技术等，还可以对档案用户的行为数据进行动态感知和获取，具体包括用户使用档案信息系统的信息和使用各种空间、资源、设备的信息等，从而对档案用户数据采集进行极大的丰富和完善，为档案用户模型和档案用户数据库的构建提供充足、必要的数据源。

3.配置档案用户模型的建立

用户模型可以用来捕获用户的需求和兴趣点，对用户的兴趣进行记录和管理，并对用户的潜在需求进行描述，是一种面向算法的、具有特定数据结构的形式化用户描述。档案系统的用户建模工作主要有：第一，建立档案系统的用户信息数据库。收集、整理和组织用户的基本信息、信息需求和信息行为等数据，并将其数字化、有序地存储在数据库中，是构建用户模型的基础数据来源。第二，对用户模型进行描述。为了更好地反映用户的实际情况，要对用户模型进行有效的描述。在信息服务领域中，常见的用户模型表示方法包括：用户 Bookmark、关键词列表、基于向量空间模型、基于本体、基于神经网络等。在此基础上，提出了一种基于矢量空间的用户模型表达方法，该方法能够有效地利用特征项集和权值，更好地反映出用户的兴趣，在"智慧档案信息服务"中，可以有效地进行数据的匹配与计算，大大提升了用户模型的可计算性。第三，更新用户模型。因为用户的信息需求是不固定的，所以用户模型也应该随用户的信息需求而改变。

4.配置档案用户数据

对档案用户资料进行分析，就是要有目标地为不同的用户提供个性化的数字档案信息服务。例如，用户使用计算机、手机等智能终端，通过因特网、移动互联网、档案馆检索系统等方式，借助"智能档案信息服务系统"中的用户识别工具，采集用户的基本资料（如用户姓名、检索时间、地点等），并采用数据处理技术，对用户检索到的信息进行分类、聚类，从而获得结构化的用户使用数据，然后，通过数据挖掘与数据分析，将该结构化的用户使用数据与档案服务系统中的语义词库、同义词库、近义词库、档案分类表、知识库等进行关联匹配，并通过信息聚类的方式，获得推荐信息所需要的检索词，然后，使用目录检索工具、全文检索工具、元数据检索工具等在档案信息资源库中进行检索，从中选出可以向用户推荐的信息资源，并将其聚合后推送给用户。另外，该系统还将对不同用户间的关联搜索行为进行分析，并将更加精确的信息推送给用户。

（二）深化业务内涵

1.高效率地整合档案信息资源

档案信息资源的内容整合，就是将分散、多元、异质的档案信息资源进行整合，将杂乱无章的档案信息资源变得井然有序，将相关的档案信息进行整合，以便于用户查询或为用户提供更好的服务。

在高校图书馆中，信息资源的整合是高校图书馆信息资源的一个重要组成部分，也是高校图书馆信息资源整合与共享的重要依据。档案信息资源整合将异质、分散的档案信息资源进行分类、整合和共享，可为用户提供全面完整的档案信息资源，在档案系统内解决"信息孤岛"的问题；同时，将异质、分散的档案信息资源进行融合，可让用户在一个统一的检索平台上查询全部档案信息资源，可满足用户的多元化和个性化需求，同时也可满足不同层次用户的需求。档案信息资源集成是指将不同种类、不同来源、不同载体的档案信息资源，按照信息资源集成的机制或标准，对其进行集成、描述和链接，并对其中所包含的数据或信息集所包含的内容进行更深层次的挖掘和整合，进而将各不相同的档案信息内容联系起来，以达到对档案信息资源进行全面的集成和"一站式"使用。如果说，数据整合指的是整合结构化的数字档案资源，那么，信息整合指的是整合非结构化的数字档案资源。

2.建立档案知识库

在信息化的条件下，档案工作的功能也在不断地发生着变化。冯惠玲教授曾经说过，在档案工作的重点发生变化的时候，档案工作人员应该把自己的工作重点从实体管理转移到信息管理和知识管理上，并为档案用户提供优质的信息和知识服务。在智能社会中，档案信息资源的规模越来越大，新型电子文件也越来越多，这使得海量的、分散的、被隔离的档案信息资源很难满足人们对信息与知识的需求，也很难充分发挥其最大的功能。把大量的档案信息资源整理成一个档案知识源，建立一个具有丰富信息的档案知识库，让混乱的档案信息变得井井有条，这是提高档案服务质量，推动档案服务社会发展的一条重要途径。

档案知识库并非对档案信息、内容、数据的简单罗列与汇总，它是运用知识组织与知识分析的方法，对档案中的知识进行挖掘，并将这些独立的知识之间的相互联系展现出来，进而建立起一个具有层级关联结构的知识体系。对档案知识库构建产生影响的主要因素有：档案知识发现、档案知识组织、档案知识存储。在具体的步骤中，有以下几个方面，分别是定位目标知识库、抽取档案知识单元、关联档案知识单元、组织档案知识单元、存储档案知识单元，最终建成档案知识库。

建立档案知识库的目的是为档案提供有序的、有关联的知识，是从档案中挖掘出最大限度知识的过程；以建立档案知识库的方式，为用户提供知识服务，这不仅有利于加强对档案信息资源的开发与利用，实现档案利用由被动转为主动，还是档案部门实现自身转型、融入智慧社会知识服务的必然选择和趋势。

3.跨地区的数字档案馆资源共享

要想让数字档案资源实现跨地区共享，需要提高其集成能力和使用效率。首先，要建立并健全数字档案跨地区共享机制，也就是按照"纵向贯通、横向融合"的思想，对某一地域中已有的数字档案资源进行整体开发和综合利用。同时，要把满足使用要求作为前提，把制度建设作为标准，把分工合作作为方法，把规范化作为保证，把档案资源的有效整合、合理开发、科学管理和综合利用结合起来。其次，要建立一套数字档案管理制度，具体内容包括：确立数字档案的收集标准与范围，制订数字档案的共享目录与统一标准，确定数字档案的共享途径与要求，确立数字档案的共享查询与利用模式，建立数字档案的评价与监管机制、安全保障机制等。最后，建立一个数字档案资源跨地区共享平台，也就是将分散的、异质的档案信息资源体系进行合理的整合，使各部门之间、各业务之间都能相互连接起来，同时，还能在一个全新的统一的档案信息资源交换与共享平台上，开发一些新的应用程序，让档案信息资源得到充分的共享，方便用户使用。

（三）对服务模式的明智选择

1.档案信息资源共享服务的云计算

美国国家标准技术研究院（NIST）根据用户服务的特点，将云计算服务分为 IaaS、PaaS 和 SaaS 三类服务模式，并对数字档案的存储模式与服务模式产生重要影响。

一是实现了档案信息资源的共享。一方面，档案馆能够把自己的开放档案资源，特别是民生档案资源上传到网络上，通过云计算技术，有效地组织并整合各种馆藏资源，并与对应的计算资源和存储资源一起，形成一个虚拟的资源池，以服务的方式向档案用户提供其所需的服务。另一方面，要强化地区间的档案馆（室）联动，建立一个地区间的档案共享云平台，把分散在不同地区的或者在同一个信息系统中的多个局部的、自治的、异构的数据源中的信息进行有效的整合，从而达到档案馆（室）系统之间的互联互通，以及各种数据资源之间的信息共享。同时，还可以利用档案共享云平台，对档案信息进行内容关联、事件关联、时序逻辑关联和因果关联，让档案用户能够根据自己的需求获得档案信息服务。

二是通过开放的平台实现服务的共享。要想对档案信息资源进行深度整合，就必须实现跨单位业务流程的综合服务，以及可以支持多种终端的应用服务平台，而档案共享云平台具有整合、优化、开放、共享等特性，可以满足用户的多元化、个性化需求。档案共享云平台能够实现档案馆际、档案馆（室）之间资源的交流整合和传递共享，并能够根据用户的需求特点、行为习惯和背景类型等，进行对应的匹配及服务功能的整合和动态调整，以满足各类档案用户的服务需求。

三是一步到位的入门服务。一方面，利用云计算技术，将档案服务功能整合到网站的入口上，这样，用户就可以通过自己的基础设备（如个人电脑、智能手机、移动终端等），方便地使用档案服务。另一方面，利用整合服务终端，将档案信息服务功能与各级政府网站、政务信息公开平台相连接，从而实现区域范围内用户的一站式入口服务。利用该服务接口，用户可以对文件资源进行并行检索，从而一次性获得所需的一系列文件信息。

2. 以大数据为基础的数字档案信息智慧服务

从数据的视角来看，从"信息社会"向"智慧社会"的演变，既体现在"海量"数据的生成方面，又体现在"互联""高效"的"关联""深度挖掘"等方面。档案信息资源既是知识的载体，又是人类智慧的载体，是构建智慧社会的重要载体。在智能社会中，大数据的迅速发展使得人们的思考模式由"因果关系"转变为"相关关系"，由采样分析转变为全样本分析，由传统的信息处理技术转变为人工智能，由传统的被动的、广泛的、滞后的人工服务转变为主动的、精确的、高效的智能服务。

为了应对这些变化，档案工作人员必须在信息服务的观念和方法上进行变革，利用科技的智能化，使档案工作数字化和自动化，并推动档案信息服务向个性化、精准化和智能化方向发展。"个性化"是"大数据"价值的魅力所在，它在客观上将更多地关注于用户"需求导向"，构建用户模型，运用大数据技术，对用户及相关文件数据进行分析，从而进一步充实、丰富、完善文件信息资源，研发出更具特色的文件产品，构建多元化、人性化的使用平台，从而更好地实现"精准"服务。然而，在"数据密集"模式下，"可获得的信息数量爆炸式增加与用户识别能力有限之间的矛盾，以及同时存在的海量信息与用户关注能力有限之间的矛盾"日益突出，迫切需要对用户需求进行精确感知，及时向用户推送高效组织的信息与服务，以保证用户及时、准确地获取资源与服务。

在未来，档案信息服务所面临的最主要的问题，不再是档案信息资源的匮乏与用户不断增长的需求之间的矛盾，而是档案信息资源的泛滥、无序以及存取障碍与用户的选择和获取之间的矛盾。智能感知、自然语言处理、智能检索、专家系统等人工智能技术将可以主动发现用户的需求，并通过信息开发、信息推送和动态交互等方式，实现全过程、全方位的智能服务。

3.利用移动互联网实现档案信息的无处不在服务

以移动互联网为基础的档案信息泛在服务，是一种以智能手机、平板电脑、智能穿戴设备等移动终端为传播媒体的快速、动态、交互式的信息传递和知识传播模式。具体表现为以下两点。

一是在更高水平上实现互联。所谓"泛在"，指的是无处不在，也就是在物联网和移动互联网技术的支撑下，档案用户能够在任何地方，以任何方式，对信息进行发现和获取。受档案馆实体空间的制约，传统的档案信息服务很难满足人们对档案信息的跨时空需求。但是，在智能社会的背景下，移动互联网无处不在，这让档案信息服务能够有效地打破实体空间的局限，不管是在家、办公室、会议室等固定地点，还是在公交车、地铁、飞机等移动地点，只要是有网络的地方，都能够提供档案信息服务，因此，无处不在的档案信息服务变成了可能。与此同时，随着使用方便、覆盖大众的移动终端的广泛应用，档案工作人员可以借助网站、社交媒体、手机 App 等方式，将档案资源提供给社会大众，让他们可以利用这些资源。这些资源不仅包括文字、图表、照片、声频、视频等多种形式和载体的档案信息，还可以提供多种搜索方式和获取方式，从而实现无所不能的信息服务。

二是以人为中心的优质服务。随着信息科技与多媒体科技的进步，档案用户对于信息服务的要求正朝着个性化、全面性、智能性、便捷性的方向发展；档案用户对档案资料的要求也越来越广泛、越来越直观，从过去的单一资料变成了对档案资料进行集成加工的结果，或者是对档案资料进行多元化的展示。例如，利用移动通信技术，在平板电脑、智能手机上建立数字档案馆，向远程用户提供移动阅览服务、移动搜索服务、移动自助服务和移动导航服务等，为远程用户获取档案信息提供便利。又如，运用数字技术和虚拟技术，对馆藏档案资源以文本、声音、图像、视频等形式展开数字化展示，并通过在线展厅或手机 App 的方式，来实现移动浏览或实时互动，为用户提供场景式服务和多媒体视觉体验。

第四节　社交媒体在档案信息服务创新中的应用

一、社交媒体条件下的档案信息服务模式研究

随着网络的迅速发展与全面普及，社交媒体应运而生，并持续改变着人们获取信息的途径。社交媒体作为一种不可缺少的信息获取手段，受到了传统媒体与大众的高度重视。社交媒体可以很好地帮助人们对档

案信息进行管理。据有关数据表明，我国的公民大部分都会加入社交媒体平台。社交媒体越来越受欢迎，在国内和国外都有不同的应用，比如美国的 NARA 利用社交媒体，规定了自己的归档方式和文化，并强化了社交媒体的宣传。此外，英国有关部门也于 2009 年开始利用网络、社会媒体等方式收集文件。然而，在社交媒体环境下，我国档案信息管理还处于起步阶段。社交媒体以平民化、高度参与性和自发的话语权为特征。利用社交媒体开展档案服务具有如下优点。

提高档案工作的透明度，改善档案工作的形象。在社交媒体平台出现以前，档案服务主要是对纸质档案的查询，而且很多档案都是具有机密性质的，用户要想获取档案，需要提供相应的证件才能进行查询，烦琐的流程造成了档案服务的低效率和低透明度。随着社交媒体的普及，档案查询的工作不再是非常烦琐且不透明的，档案馆可以利用社交媒体将其工作动态和馆藏介绍发布到平台上，让用户更好地了解档案馆的信息，使档案信息不再仅限于个别人可以查询，而是所有有需要的人都可以查询，从而提高档案馆的工作效率和档案信息的透明度。社交媒体提高了档案信息服务的透明度，也因此使档案馆的公众形象得以改善。

档案信息服务模式在不断改变，服务的范围在扩大。随着社会的飞速发展，目前的社交媒体对人们的生活产生了多个方面的影响，因此，其需求也逐渐呈现出多元化。在档案管理中，各档案部门机构也在不断地改变着自己的服务方式，从传统的信息提供向为满足用户多样化的需求而服务转变，从被动的用户要求式服务向主动的使用户满意的服务转变。通过 QQ、微信、微博等社交媒体，用户可以感受到档案信息管理单位提供的各种信息服务。它的服务模式也在不断地革新，由传统的线下业务扩展到线上业务。

拓宽服务渠道，加强档案文化宣传。随着各类社交媒体软件的广泛应用，人们之间的信息交互越来越快，社交媒体已经成为人们获取信息的重要渠道。而在档案信息管理上，民众的主动参与，亦使档案信息服务的渠道得以不断的优化与延伸。因为不同的用户有着不一样的社交圈，根据著名的"六度分隔理论"，每一个人社交的范围都非常巨大，这在无形中让档案信息的辐射范围无限地扩大，从而让档案机构的影响力持续地提升。档案文化的交流与传播得到了进一步的加强。

二、社交媒体条件下的档案信息服务模式的创新

随着网络上大数据的日益普及，很多国家的档案馆都从论坛入手，展开了对档案信息服务改革的探索。在3G和4G网络还没有普及时，在论坛上公众参与度还不够高。随着数据网络的普及，论坛渐渐退出了历史的舞台，取而代之的是微信公众号、微博平台等形式，这种形式一直在满足用户的需求，并且得到了快速的发展，并经受着实践的检验，发展势头很好。但是，在发展的过程中，也出现了一些问题。一方面，档案信息服务的内容相对单一。随着微信公众号的普及，很多图书馆都会在微信公众号上发布一些资料，但是通过调查发现，很多图书馆都是"徒有虚名"，虽然也有一些跟上了时代的潮流，但是却很少在微信公众号上发布资料，而且活动不太活跃，所能提供的公共服务也很少。

另一方面，许多微信公众号都在不断地重复着内容，毫无章法可言。所以，在社交媒体信息管理服务的过程中，应该从如下几个方面来创新档案信息服务模式。第一，改变人们的思想。在开通微博和微信公众号后，要将"被动"的观念转变为"积极"的态度。在观念上，促使档案馆工作人员从观念上改变，与时俱进，从而真正做到档案信息服务工作的革新。第二，继续扩大业务范围。在工作人员观念发生变化后，应该充分利用现代互联网和大数据的优势，利用先进的技术，不断扩大和更新公众号，使其占据主导地位。为广大用户提供更加优质、更加完善的服务。融合运用，让公众号占主导地位。第三，加强体制机制。随着观念和服务领域的持续创新，我国应该从宏观上对社交媒体运行制度进行规范，提高申请门槛，严格规范行为体系，为社交媒体运行中的档案信

息服务提供有力的保障。

三、社交媒体运用于创新发展档案信息服务的策略

社交媒体的运用与发展，对于国家档案资源系统与档案服务系统的建设，发挥着举足轻重的作用，同时也为公众参与档案建设、进行档案咨询等提供了一个开放式的信息渠道。为了促进社交媒体环境下的档案信息服务向新的方向发展，迫切需要对现有问题进行合理的处理。为了达到这个目的，以社交媒体服务平台的理念、管理、功能和保障四个维度为基础，建立了一个由引领层、支撑层和保障层三个应用层面组成的综合档案馆社交媒体应用体系。其中，对服务理念进行深化，明确目标定位，是综合档案馆应用社交媒体的思想引领；对社交媒体平台的管理进行完善，对社交媒体平台的功能进行深入挖掘，是对综合档案馆应用社交媒体的有力支持。营造一个良好的政策环境，形成一套长期的服务机制，组建一支优秀的人才队伍，制订一套适宜的技术方案，是实现综合档案馆社会化媒体应用的重要保证。在上面提到的制度中，下列几点特别令人关切：

第一个是档案的内容。只有把档案内容做好，才能解决目前档案信息服务内容太少的问题，才能解决我国档案机构的社交媒体创新能力不足的问题，才能促进本馆馆藏档案内容服务、跨馆档案内容服务、档案知识服务的开展。

第二个是交互性。互动是社会媒体在 Web2.0 中的一个重要特征，因此，建立档案机构与档案内容、档案机构与公众、档案内容与公众的互动关系尤为重要。在此过程中，档案部门发挥了主导作用。作为档案内容提供方，档案馆有发言权，因而也是双方交流的中心。

第五节 档案信息服务保障体系的完善

一、我国档案信息服务保障体系的时代性

随着社会的发展，生产模式从过去的粗放逐渐转变为集约化。一种以信息化为基础、以信息化为主要工具的新的经济模式正在发展。档案信息服务和保障制度已经进入了一个新的时期，它们也应该跟上时代的步伐，适应新的需求和期望。

（一）保证档案信息服务的全面性和系统性

在信息化社会飞速发展的同时，档案信息用户的需求也在不断地变化，这就要求档案的搜集范围从传统的文献向更广阔的科技、经济等领域拓展；这就给高校档案工作带来了新的挑战。档案信息既要满足用户的需求，又要与其相关。过去那种"给你一口饭"的服务模式，已经不能满足当今社会对档案用户的要求，要求用户既要"吃饱"，又要"吃好"。因此，对原始的档案信息资源进行发掘，寻找其中的隐性知识，并将其以专题的形式提供给用户，使他们能够更加全面、系统地获得自己需要的信息，已经是新时代下档案信息服务的发展趋势。

（二）保证档案信息服务手段的智能化和网络化

在我国，高校图书馆开展档案信息服务的途径有：借阅、复印、阅览、新闻报道、实物展示和展览。在初期，档案资料的数量较少，档案部门主要以原始档案、复本档案和汇编档案为中心，开展实物档案信息服务。如今，随着网络技术与信息通信技术的不断进步，传统的档案信息服务已经无法满足人们的需求。因此，以信息咨询服务为核心衍生出来的定题信息查询服务、查新论证服务、信息中介服务等多种信息服务模式，日益受到人们的欢迎。档案信息服务模式正在向智能化和网络化

发展。新型的档案信息服务模式，不但让人们充分地感受到了信息技术带来的好处，而且智能化和网络化的发展趋势进一步提高了档案信息服务的效率，扩大了其发展的空间。

（三）保证档案信息服务的客体多元化和分层

当前，在信息化社会中，档案信息资源共享的特点越来越明显，其服务的对象越来越多元化，普惠大众，也反映出档案信息服务的本质正在逐渐向公益性转化。档案信息从"不能为人所知、所用"的束缚中解放出来，在信息化大潮的推动下，档案信息服务从专门化和有针对性向专业化和社会化方向发展。档案信息服务的对象不断增多，使其工作更加深入和细致。对其进行进一步的挖掘和精练，进行"深加工"，才能更好地满足用户多样化和深层次的需求。

（四）保证档案信息服务的简易性和可操作性

信息化的社会对档案信息服务提出了针对性、便捷性的要求。由于早期社会的闭塞，传统的档案信息服务以"资政"为服务的根本思想；档案信息服务体系也因缺乏相关主体的参与，所以利用效果不佳；在这一时期，我国的档案信息服务和管理模式以封闭式和半封闭式为主。但是，随着信息的公开，人们对信息的公平和自由获取，使档案信息服务用户的社会化程度不断提高，过去那种"等客上门"和"看摊守点"的做法已经不能适应当今信息化发展的潮流。社会对档案信息的要求也由"量多"向"面广"转变，用户对档案信息服务提出了更高的要求，即具有更高的实用性和便利性。以"需求"带动"应用"，以人为本；要以"技术"带动"优化"，与信息化技术相结合，对档案信息的管理模式、服务模式进行优化，提高档案信息服务的便捷性。

二、建立档案信息服务保障体系的指导思想

档案信息服务保障体系是一个庞大的系统工程，必须进行系统性的建设、全方位的部署。这就需要一些原则来作为支撑。

（一）以系统标准为中心的原则

档案信息服务保障体系是以档案馆为中心，由档案馆来执行的。一方面，作为政府职能部门的档案部门，其工作必须在法律的框架下开展，也就是说，档案信息服务工作必须受到法律和制度的约束，而档案信息服务的建设和执行也必须受到制度的引导。《中华人民共和国档案法》（以下简称《档案法》）是我国相对完备、对档案工作具有普遍指导意义的基本法律。它的普遍性质决定了各档案单位必须在它的管辖范围内开展工作，根据《档案法》颁布的各种规范性文件，以及与目前的建设、管理相适应的有关制度，这些都是对档案工作进行管理的基础，同时也是对档案工作的积极推动。另一方面，档案工作也要依靠政府的惠民服务政策。不管是基础建设，还是人力资源的补充，都需要政府的资金支持。同时，档案信息资源主要来源于政府部门，其内容与人民群众的基本生活需求密切相关，也是建立和完善我国社会公共服务体系的一个重要方面。但是，在一定程度上，政策制定就是政府意志的一种表现。只有政府部门对档案信息服务工作有足够的了解和重视，才能保证档案信息服务保障体系的成功实施。

（二）以社会需要为中心的原则

美国心理学者亚伯拉罕·马斯洛在20世纪40年代首次提出了需求层级理论。他认为，人的需要就像一座金字塔。生理需求排在最下面，其次是安全需求、社交需求、尊重需求，而自我实现需求则排在金字塔的顶层。这一需求层次理论能够帮助我们理解当今信息经济社会中，人们在解决了温饱问题，物质生活基本满足后，开始转向对信息资源的需求、精神生活丰盈的追求的现象。结合"以需定供"、以社会需求为导向、"以人为本"的理念，在信息经济社会中，将"供给侧结构性改革"落实到档案信息服务工作中，才能更好地实现在社会转型时期对"两个体系"的期望。尽管档案服务工作具有"无偿性"，不适合以市场为导向的运作方式，但是，"用户至上"仍然是其立足点和归宿。以社会需要为导向，建立并发展档案信息服务保障体系，这是档案服务工作跟上时代步伐的一种表现。在转型时期，人民不断增长的文化需求给档案信息资源服务指明了发展的方向。随着社会分工的不断细化，专业档案信息资源的使用率在不断地提高。社会对档案信息资源的需求已逐步形成了规律。只有认真地发现，认真地总结，掌握好档案信息资源的社会需求状况，坚持以社会需求为导向，把档案信息服务用户置于档案信息服务保障体系建设的中心位置，才能推动档案信息服务工作的进一步发展。

（三）以分配为中心的原则

档案信息服务的开展，需要基础设施、人员、信息资源、资金的保障。档案信息服务保障体系应该以资源配置为导向，在考虑到档案信息用户的需求和利益的同时，还应该协调好系统中各个要素之间的关系和功能定位。图书馆的资源配置与图书馆的信息环境有着密切的关系。一个"健康的"图书馆藏书环境，为图书馆的优质服务提供了强有力的"保护伞"。

馆藏环境中，档案信息服务者、档案信息用户与档案信息是三个最基本的因素，只有这三个因素充分发挥出自己的优势，并互相促进融合，才能营造出一个良好的馆藏信息环境，才能推动档案信息服务工作的有效开展。资源的分配，并不是一个简单的数字，而是一个综合的数字。从收集的角度来看，不仅要顾及社会团体的需求，还要学会甄别，进行价值判断。进而扩大档案信息资源的范围，将与社会发展、民生息息相关的信息作为搜集与拓展的主要阵地，从而丰富档案信息资源的内容。从人员配备的角度来看，加强对人才的培训，提升人才的素质，已日益成为档案信息服务保障体系建设与发展的一项重要工作。要想成为一名优秀的档案工作者，必须具备扎实的理论基础和全面的技能。

在新形势下，需要培养具有实用性、创新性和竞争性的人才。另外，在基础设施的设置上，既要充分发挥信息化和网络的优势，又要兼顾业务和技术的规范。要保证档案信息资源的安全流通，档案信息运作体系的安全性也是档案信息资源配置的重要因素。

（四）以科技开发为中心的原则

随着信息和网络的快速发展，各种信息技术的应用，为建立和发展档案信息服务保障体系开辟了一条长期而科学的道路。充分发挥信息化的优势，使档案信息资源不再"固化"于传统的文件夹中，而是能够跨越时空，实现档案信息资源随时与用户之间的连接。信息网络技术让用户可以更方便地使用档案信息资源，而数据挖掘技术和资源整合技术为档案工作人员提供了帮助，可以最大限度地优化档案信息资源，把与社会发展和民生保障有密切关系的档案信息提供给社会和人民，与此同时，还可以通过对档案信息资源内容的挖掘和分析，推动行业和地域性的档案信息服务和利用的联系。在享受着现代化和信息化技术带来的好处的时候，档案信息资源保障体系也要把技术发展作为自己的发展方向，与技术的变化保持同步，顺应技术的发展变化，利用最新的技术为档案信息服务保障体系提供与时俱进的技术支持。

三、提高档案信息服务质量的对策

（一）系统标准水平

1.完善体制机制，促进档案信息工作的规范化

强化档案立法，既要修改现行的有关档案信息工作的法律规定，又要制定专门的档案信息工作的法律法规。《中华人民共和国档案法》是我国档案工作必须遵守的基本法律。目前，我国《档案法》已经过两次修订，但在这一部分并没有充分反映出它的重要性，也没有对它的有关内容做出明确的规定。所以，为保证档案信息工作的顺利进行，在《档案法》中增设与档案信息服务有关的专门法规，对其进行详细的说明是十分必要的。随着人们对档案信息的关注度不断提高，对档案信息的需求也趋于多样化，档案信息服务在满足人们的信息需求、促进社会信息交流方面起到了举足轻重的作用。由于档案信息服务是一项具有很强专业性的工作，因此亟须制定一部专门的法律、法规来规范它的工作

要加强对档案信息服务工作的研究，必须进行广泛的调查、认真的分析研究。编制具有全国性、区域性特点的档案信息服务工作实施纲要，要明确档案信息服务的指导思想、目标及具体操作步骤。要统筹好管理体制、机构设置、人才储备、保障体系等，把对档案信息服务工作的关注体现在政策的制定上，更多地站在用户的立场上，制定出科学的、利民的档案信息服务政策。为了促进档案信息服务工作的健康发展，建立了一套自上而下、覆盖全面的政策保障体系。

2.健全工作规程，拓展档案信息服务的范围

第一，加强管理方面的规范。在档案部门与政府有关职能部门之间，要采用一系列的信息共享手段，建立一种行之有效的业务协作机制，并且要对档案信息的特征进行充分的考虑，将档案信息系统包含在整个电子政务系统中。在档案工作中，要打破"信息孤岛"，建立一个统一的档案工作体系，从而达到提高档案工作效率的目的。

第二，对技术标准进行改进。主要从档案信息服务的数据交换格式标准规范化、档案信息管理软件标准规范化、档案信息服务网络标准规范化、档案信息服务安全标准规范化四个方面来进行。

首先，要对档案信息服务的数据交换格式进行标准规范化。在对档案信息服务的数据交换格式进行构建和完善的时候，不仅要参照现有的国际标准，还要对我国本土的档案管理软件数据交换格式的需求进行充分的考虑，在标准化之后，能够在计算机上实现不同系统之间的相互转换，从而提高档案信息数据的可移植性，方便档案信息的互联共享。

其次，要对档案信息管理软件进行标准规范化。为了满足管理工作的要求，标准化的档案信息管理软件的编码体系和系统架构，整合了符号编码、图形编码等大量基础信息，并整合了系统内所有用户端信息。将其整合后，置于一个统一的信息管理服务平台上，以保证档案信息服务系统能够高效地实现业务协作、互联互通、信息共享，充分发挥其实际效能。

再次，要对档案信息服务网络进行标准规范化。互联网已无处不在。档案信息服务网络的标准规范化，除要加强档案馆内部局域网的标准规范化外，还要将电子政务的实施和档案信息的传输考虑在内；此外，还应加强对公共档案信息网站的规范化建设。档案网站既是档案信息服务的一个重要平台，也是实现信息公共服务的一个重要载体。档案信息与其他信息不同，因此，通过网络提供的档案信息服务应该对档案信息的利用范围进行充分的考虑，对档案信息服务网络的标准进行完善，使之在档案信息服务工作中发挥出便利之效。

最后，要对档案信息服务安全进行标准规范化。在众多的技术标准中，安全标准占很大比重。信息化在给档案馆提供方便的同时，也给档案馆的数据安全与管理带来了威胁。档案信息服务的安全标准应以"保障安全""长期保存"为指导，不仅要注意载体的安全性，还要注意操作的安全性。为保证文件的长期效力，推动档案信息化工作的良性发展，必须采取相应的对策。

（二）机构层次

1. 成立专业组织，共建、共享档案信息服务

为适应信息化社会的发展，为满足人民群众日益增长的对信息的需求，必须组建一个专门的组织。从 2001 年开始，各级档案馆响应国家档案局的要求，建立了数字档案馆，尽管在信息化、数字化和网络化建设上有了一些成绩，但是，档案信息服务仍然处于较弱的地位。网页上的大部分内容都是有关档案工作的政策宣传或者（局）馆内事务的处理的内容，很少有与档案信息服务有关的内容。而且，档案信息服务并不是很好，档案信息资源也不是很多。面对这样的问题，我们不但要提高对档案信息服务工作的认识，而且要建立一个专门的部门来处理这些问题。在网络条件下，可以建立一个专门从事档案信息服务的机构。例如，专门负责建设、管理、服务、维护等工作。基于多点到多点的信息传播方式，网络档案信息服务不仅要体现个性化，而且要突出服务品位。通过

对用户结构层面的研究，对其潜在需求进行分析，并将其作为一个动态的"族群"、作为基本单元提供"小众化"的档案信息服务；通过构建一个多维度、互动的平台，使档案信息服务机构与"族群"使用者在"族群"之间、在档案信息服务机构与使用者之间达到最佳配置与共享。在新时代背景下，档案信息服务将向专业化和个性化发展。

2. 加强与档案部门的交流与合作，促进档案信息服务的互联

单丝不成线，独木不成林。档案信息服务工作离不开各部门间的沟通与合作。特别是在信息时代，信息技术给档案信息服务的发展带来了巨大的好处，通过建立档案信息服务网络平台，能够实现档案信息服务网的横向、立体、互联。通过加强平台之间的相互联系，形成了区域档案服务部门联盟、行业档案服务部门联盟和全国档案服务部门联盟的局面。建立中央档案服务联盟进行管理，加强跨行业、跨部门档案信息服务工作的交流与合作，双方在业务方面进行积极的互动，充分发挥各自的优势，并形成合力，最终实现档案信息资源的共享和档案信息服务的互联互通。

3. 充分发掘馆藏资源，提高档案馆的服务水平

档案馆拥有丰富的信息资源，是档案馆服务创新和服务能力提高的必要条件。发掘馆藏，提高档案馆的服务水平，要注意档案馆馆藏建设的方向。"公共信息资源是一种具有公共利益的资源"，因此，馆藏档案信息资源的建设应以公共利益的需求为导向，既要为政府的管理需求提供更多的服务，还应该更多地关注民生，更多地与社会热点问题相结合，在这个过程中，收集到档案信息，从而增多馆藏的档案资料种类，充实馆藏的档案库。同时，图书馆的档案信息资源也要根据社会的信息需求进行更新。我们既要站在公共信息资源的视角来解读，又要站在社会文化的视角来看待馆藏档案的建设。在"大档案观"的指导下，不断扩大档案信息资源的覆盖面，为广大人民群众提供多元化的文化娱乐服务。

（三）分配资源的水平

1.强化人力、物力，提高社会服务水平

加强档案信息资源的建设，既要加强档案信息资源的整合，又要引进档案信息服务的人才，还必须加大基础设施的投资。因此，应从以下几点着手，加强档案馆的资源建设，提高档案馆的社会服务水平。

第一，要强化档案馆的信息化建设，为档案馆的信息化建设打下坚实的基础。随着互联网的发展，人们使用信息资源的方式发生了变化，传统的档案信息资源所依赖的环境也发生了变化。档案资料来源的拓展，进一步充实了档案资料服务的文献资料资源库；档案资料以日新月异的速度在不断地增加，其内容涵盖方方面面，学科涵盖范围广泛；档案信息资源具有多种形式，除文本之外，还有视频、声频、图像等非文本类的信息资源，这些信息资源表现出了多类型、多媒体、跨地域等特点。在网络的条件下，实现档案信息服务中的资源共享成为可能，但是这并不是一件容易的事情。由于网上的档案信息资源仍然存在许多问题，如质量参差不齐、零散无序、分布不均匀等。因此，必须对已有的档案信息资源进行有效的整合，才能更好地提供优质的服务，才能为社会提供更好的服务。首先，将现有的实体档案馆与档案图书馆进行一体化的组织与整合，形成跨类别、跨载体、跨时间与跨空间的馆藏资源检索与利用方式。其次，基于各馆别的一体化组织与集成，进行系统的档案信息资源组织与建设，形成分散存储与管理，"一站式"检索与利用，"交互式"操作的新模式，为各级档案馆提供一种全新的服务模式。最后，要深入发掘档案信息资源，使其向内容化和知识化发展。通过对其知识内涵的发掘，为人们提供可供使用的有序知识，使其由"信息型"向"知识型"转化。

第二，要加强档案馆的管理，提高档案馆的服务水平。经济的发展和社会的进步促进了档案事业的快速发展。在信息时代的影响下，档案信息服务也在不断地发生着巨大的改变，它的服务范围越来越广，服务模式也越来越新，这给从事着档案信息服务的工作人员在政治素养、文

化知识和专业技能等方面带来了巨大的挑战。"人才是国家的立足点，人才是治理国家的基础，人才是产业的基础。"自古以来，人才都是先进生产力和先进文化的创造者和传播者，他们在社会的发展、国家的昌盛、民族的振兴中一直扮演着举足轻重的角色。因此，必须培养有关档案工作方面的人才。这就要求加强对档案工作人员的培训，不断提高他们的专业水平。首先，要加大对档案工作人员的培训力度。在档案工作中，档案工作人员既要有一定的档案知识，又要有一定的现代科技知识，还要有一定的管理能力，更要有较强的服务意识。不仅要引进高水平的专业技术人员，而且要引进高水平的管理人员，这样才能使档案信息服务的人才结构得到优化。在引进人才时，不仅要引进可以将档案信息服务工作实施路线继续下去的有效人才，还要引进对档案信息服务工作有积极作用的有用人才，更要引进能在档案信息服务工作中做出卓越成就的杰出人才。通过人才引进，组建一支知信息、晓服务、懂管理的档案信息服务人才队伍。其次，加强对在岗工作人员的培训和教育。随着社会对档案信息服务的需求日益扩大，对档案工作人员的专业素质要求也越来越高。对档案工作人员来说，首先要提高自己的知识水平。要将理论与实践相结合，在各专业、各层次上，积极开展对档案工作人员的全面素质教育；档案工作人员应积极参与新知识和新技能的培训，注重理论知识和实际技能的结合，只有这样才能更好地适应社会对档案信息服务工作的要求。

第三，要加强对高校档案信息工作队伍的建设。高校档案专业大学生是我国档案工作的骨干，也是我国档案信息服务队伍的后备力量。每一所大学，都要与时俱进，增设档案专业，采用高效的教学方法，强化教师队伍，做到因材施教。除课程之外，还应该与各级档案部门、企事业单位合作，为学生提供一个实践能力扩展培训的平台，帮助他们加深对专业理论知识的理解，提高实践能力，使他们能适应专业化的工作，早日投入实践活动。在档案信息服务工作中，应加大对档案信息服务后备力量的培训力度，以形成一支能适应现代档案信息化需求，勇于创新的复合型人才队伍。

2.创新业务渠道，建立现代化业务模式

要实现档案信息服务的创新，必须在服务理念、服务渠道上下功夫。

第一，档案工作人员必须改变服务理念，提高服务意识。长期以来，我国档案工作都受到"重管轻用"等传统思想的影响，导致了档案工作中普遍存在着服务意识淡薄等问题。这些问题不但影响着档案信息工作的效率，而且在一定程度上妨碍了档案工作的进一步发展。改变服务理念，提高服务意识，既是健全档案信息服务保障体系的重要组成部分，也是档案工作人员发展档案工作的一项重大任务。身为档案工作人员，要把服务意识贯穿于档案工作的始终。首先，作为一名从事档案信息工作的从业人员，必须有一种"档案信息提前服务"的观念。在领导层次上，除了要对档案信息服务工作的特点和一般规律有所了解，还要对每一阶段将要开展的重点问题工作有整体的认识、全面的了解，并要及时向上级汇报，充分调动各个部门工作人员的积极性、创造性，让他们可以做到"心中有任务，脑中有意识"，通力合作，提前做好对档案信息的开发利用工作的准备。在执行层面，档案工作人员要始终有一种参与意识和竞争意识，要有一双敏锐的眼睛，要有开阔的思路，要对国家的相关政策、本机关的重点工作任务有清晰的认识，要及时发现公众对于档案信息的利用趋势，要对公众的利用需求有清晰的认识，从思想上到业务上都要做好及时为公众提供服务的准备。其次，档案工作人员要有"即时"的服务观念。不管直接还是间接从事与档案信息服务相关的工作，都要有一种服务意识。在直接参与档案的使用服务，档案部门要在收集、整理、分类、立卷的全过程中，坚持直接、客观、全面、准确，为档案信息服务奠定坚实的基础。在日常接待用户工作中，档案工作人员也应该多动脑、勤动嘴、用心观察，对每一位利用者的查阅目的及需求进行关注，并以此为依据，对一段时间内的档案信息服务利用趋势进行分析，树立间接服务意识，并在此基础上做好接下来各项服务的准备工作。最后，档案工作人员要有"事后跟踪"的服务意识。档案信息的使用情况，从某种意义上说，是衡量档案信息服务工作质量的一个重要指标。档案工作人员应该及时地对利用效果数据进行总结和归纳，对存在的问题进行分析，找到规律，及时地发现目前档案信息服务工作中存在的不足之处，并做出相应的调整，对档案利用工作有一个总体上的控制，找到利用率高、获取效益好、服务范围广的档案信息资源，为档案信息资源的发展指明方向，并积极地合成具有较强针对性和实用性的新的档案信息资源，为未来的档案信息服务工作打下坚实的基础。

第二，要拓展服务渠道，改进服务手段。长期以来，我国的档案信息服务渠道相对封闭，手段相对单一，主要是以档案工作的活动与信息的展示为主要内容。随着社交媒体的日益普及，人们对档案信息的需求也日益多样化。以档案信息为核心的档案信息服务，正逐步转向以用户为核心的档案信息服务。因此，拓展档案馆的服务渠道、创新档案馆的服务模式是当务之急。探索多样化的服务途径，通过线上、线下、即时、定期、会议、调研等多种途径，为档案信息服务提供新的思路。档案机构可以定期举办丰富多彩的线下活动，鼓励具有不同动机需求、兴趣爱好的个人或团体，积极参加历史档案整理、展览等志愿活动，给档案信息服务带来新的活力。与此同时，也可深化公众与充满着传统和神秘气息的档案文化的关系，使档案信息进入大众的视野，深入大众的生活，更好地为大众的需求服务。此外，档案馆也可通过社交媒体，在档案信息资源的发展与使用全过程中发挥自身应有的作用。

第五章　基于数字人文的档案文化资源开发研究

第一节　数字人文的特点及发展意义

一、数字人文的特点

"数字人文"将传统的人文科学与新兴的数字技术相结合，它不仅是人文科学的一种具体实践，而且是一种运用新的信息技术进行建模的新方法，同时也是一种重新组织和利用知识、资源的过程。数字人文科学和档案资源的开发和利用在资源组织和研究方法上存在着某种程度上的一致性，为两者的融合奠定了基础。当前，数字人文仍然处于一个高速发展的时期，社会各界对数字人文的发展还处于一个探索和实践的阶段，各个学科对数字人文的定义还没有形成一个统一的认识。在对档案资源的开发与利用方面，数字人文指的是将多种人文研究方法、数字工具与档案资源融合在一起的新范式。它将人文研究者和社会公众的需求作为指导，将档案资源作为依托，将数字研究方法和技术作为工具，将资源的开发与利用作为主要目的，表现出跨学科融合、跨机构、开放性和协作性等特征。

（一）跨学科融合

"数字人文科学"自其产生之日起，便将人文科学、社会科学以及"以数字人文学为核心"的文献资源开发与利用研究，融入了"以人为本""以自然为本"的"以科学为基础"的"科学"的研究方法与手段，随着"以人文科学为核心"的"以物易物"的发展，学科之间的交叉与融合越来越多。"数字人文"在传统人文研究与理工科研究之间架起了桥梁，其开发项目也从最初的历史、艺术和文学拓展到了其他学科。

（二）跨机构

数字人文科学交叉学科的显著特征，使得它的发展离不开多机构的共同参与。当前，在数字人文项目开发中，以学术机构和高校为主，以档案馆、博物馆和图书馆为辅，其他如系统供应商、传播团队等主要负责前端运营工作。

（三）开放性

数字人文档案工作相对于传统的人文研究、档案服务等，在经费来源、内容获取、用户服务等各方面都具有很高的开放性。在因特网的背景下，设计在知识的生产、组织和传播方面具有开放性。它的开放性，使各参加者能够更好地交流，更好地了解用户的需求，从而使档案资源的价值得到最大的发挥。

（四）协作性

由于数字人文的跨学科、跨机构的特征，其发展与应用也涉及高校、科研院所、软硬件厂商、用户等多个主体的协作，甚至在同一个主体内部也存在着高度的协作。

二、建设数字人文科学的意义

（一）能够拓展学术研究的广度与深度

与传统的人文主义相比，数字人文可以有效地克服学术研究主题单一、缺乏关联性等问题，利用新媒介的多元化、可扩充特性，运用计划、计算、分析、可视化等现代信息技术，重塑人文知识，为人文主义学者提供更多差异化的可能性与线索，从而扩大学术研究范围，发掘学术研究潜能，实现人文主义学科的"轮廓重绘"。

（二）可增强数字档案馆的开放性与学科交叉性

基于计算的数据分析、检索，主题模型以及数据可视化是数字人文科学研究的重要组成部分。"数字人文"学者们通过现代化的信息技术对档案馆馆藏进行了建设，并通过档案馆的网站对公众开放，其中，存储在档案馆数据库中的数字材料比纸质材料具有更强的开放性。借助数字技术，人们可以轻松地在互联网上获得数字工具，借助数字工具，可以突破学科边界，快速地传播新的思想、方法和工具，推动学科融合。

（三）学科宽广，可为人文科学工作者提供发展的机会

数字人文所涉及的内容包括：文化分析、数据挖掘技术、可视化技术、数字交互技术以及开放获取技术，这些数字信息技术对传统的人文学者而言，都是巨大的挑战。但是，数字信息技术的发展与应用，给人文学科的研究带来了新的方法与工具，丰富了人文学科研究的数据来源，扩大了人文学科研究的问题域，无疑给人文学者带来了新的发展机会。

第二节　数字人文主义与档案管理的关系

信息技术对现代科研的方式和方法进行了变革，在数字人文时代，档案的组织、呈现、传播和创新都发生了翻天覆地的变化。"数字人文科学"运用新思维、新方法、新技术，构建了一个数字化互联网平台，为档案文化资源的发展增添了新的内容，并在此基础上，对各种文化要素进行了数据分析，并对它们进行了创新性的整合，最终实现了一种创新性的重组。数字人文也可以在很大程度上促进档案文化资源的创新开发，同时还可以为文化遗产等不可再生的文化资源提供安全保障和另辟蹊径的传播形式，让它们展现出崭新的面貌，提高观众的接受程度，从而实现档案文化资源的共享服务，这对文化创新性传承、弘扬以及文化转化为产业都有很大的赋能效果。

一、更容易进行开采和使用

第一，数字化技术的普及，为档案文化资源的远距离使用提供了便利。它运用各种各样的方式，利用新一代的互联网思维和潜能，将报纸、杂志、图书、绘画、声频、视频等大众传播媒体向数字化发展，并且利用互联网以及其他的智能媒介，使得观众群体不再受到时空的制约，这给他们带来了前所未有的便利。搜索引擎已经成为人类历史上最强大的

信息检索工具，专门为档案文化资源而设立的搜索引擎可以让大众获得更多的信息，大大提高了他们的办事效率，同时也体现出用户友好性，并加强了用户对档案服务的感知。第二，它的便捷也体现为它能更科学、更合理地分类、组织和筛选，并能不断地进行补充和更新，从而使其朝着创造性的方向发展。

二、直观感受

运用数字技术，将档案文化资源的文字、图片、声频、视频等呈现方式，升级为一种模拟现实的全息景观模式，给大众带来一场全新的、沉浸式的视觉盛宴，大大提高档案文化资源的吸引力指数。在这个以图片和视频为主要阅读方式的年代，这样的视觉体验会吸引更多人的目光，让他们继续关注后续的视频，从而提高自己的存档效率。国家"数字敦煌"的建设，让广大人民群众对敦煌文化的历史、文化、社会、科技、艺术等方面有了更深刻的认识。

三、更大范围的参与和互动

数字人文使数字仓储、文本挖掘、多媒体出版、数字图书馆、信息可视化、虚拟现实、地理信息系统等信息技术可以在人文领域得到应用，同时，对档案文化资源构建的数字可视化、增强现实（AR）、虚拟现实（VR）以及混合现实（MR）体验也开始出现。数字人文是一种更加人性化的表现形式，通过多种感知方式，实现交互操作，提高用户的自由程度。在信息化手段下，从海量的档案文化资源中提炼出文化精华、文化主题等成果，并开发出文创产品，从而满足用户智能化、个性化和时尚化的文化消费需求。不管是实质化的文化内涵的设计，还是虚拟的现实，都让更多的大众群情激昂地参与其中。在档案文化资源的保护、解读和利用等一系列的工作中，要有更多的大众参与。以"众包"模型为例，以"真实的用户体验"为参照点，在数字人文的背景下，不同社群可以借此"生成并保管好自己的档案资源，从而提升人们的文化意识并加深对文化遗产拥有所有权的现实感受"。数字人文所产生的交互性让现实和潜在的用户参与到该项目中，同时也有一些用户积极地参与到对文化资源的加工、标注和元数据的构建中。因此，"数字人文主义"可以拓展人类对世界的认识，从而产生新的交互性空间与交互性节点。

第三节　数字人文对档案文化资源开发的影响

一、数字人文科学对人文历史类档案学的促进作用

目前，我国档案界的"数字人文"计划主要集中在对人文历史类的档案进行组织和利用，在"中国数字人文年会"上获得奖项的项目中，大部分都具有这样的特点。"数字人文"指的是一种将计算机方法和技术与人文研究相结合，从而提出并解答人文问题的新范式。"数字人文"在档案领域具体应用在以下三个方面。

一是提高对文献资料的查阅和检索效率。随着档案信息化建设的不断发展，数字化资源已经渐渐成了档案馆中最重要的馆藏资源。如果使用传统的内容分析和查询方法，那么要花费很多的人力和物力才能从海量的数字化资源中获得有用的信息。但是，利用关联聚合、内容聚合和知识图谱等数字技术，就可以快速、精确地实现对内容的抓取和提炼，并且可以避免人工检索带来的错误。例如，"中国名人传"数据库，已收集了42万多条名人传，涵盖各个领域，可为各个学科的研究提供基本的数据支持，并可通过检索技术迅速获得所需要的信息。

二是推动文学档案学的深入研究。人文史档案的研究不应局限于某个时期、某个类别，而应从多个角度、多个因素入手。例如，对于文学类档案，传统的细读方式已经不能满足研究者和公众的需求，而利用可

视化技术以及社会网络分析的手段，来描述文本中出现的人物、事件，甚至是叙事结构，这就为文本的阅读和研究带来了新的思路和途径。

三是推进各机构和部门之间的合作。当前，数字人文项目的一个重要特点就是档案资源开发与利用的协同化，它可以满足创新要素整合、资源组织协调、利用服务多样化等多个方面的需求，这主要表现为，档案馆要加强与图书馆、博物馆、文化馆、党史陈列馆、信息技术公司等机构之间的跨界合作。

二、数字人文促进了主题档案的内涵的充实

数字人文科学项目的发展涵盖范围广，所涉及的主题内容多，这将大大加强档案馆的内容建设，并为档案馆的编辑、研究和著录提供借鉴。当前，利用数字人文方法和技术所构建的档案资源体系，包含但不限于文化遗产、城市记忆、历史名人、弱势群体、专业知识、重大活动和突发事件等内容。例如，中国人民大学研发的"高迁古村数字记忆网站"，就是用一种新型的"数字人文主义"的知识生成和传播模式，来建立古村落的"数字记忆"，并提出了一个新的"原生态"保护模式。以上提到的数字人文工程，都是将人文历史中存在的问题作为切入点，并对社会公众的多元化档案资源的需求做出了回应。而这一需求，就需要档案馆或研究机构对档案资源进行数据组织、价值挖掘和服务创新。在数据组织方面，构建多元化的专题档案资源库是必不可少的，它为后续的知识关联和知识发现奠定了基础。

三、数字人文对档案数字化的促进作用

目前，档案数字化已经成为一个主要的发展趋势，而大数据、云计算、区块链、人工智能等新的信息技术也为档案管理提供了新的机会并提出了新的挑战。

首先，档案的数字化对档案的发展起到了促进作用。与自然科学、

社会科学等学科相比，档案学科接受信息技术的程度相对较低，且相对落后。随着"数字人文"的迅速发展，"数据"和"人文"之间的关系也在不断地被重新审视。数字人文不但注重知识的生产、表达和传播，而且在研究过程中还体现出开放、创新和共享的精神，尤其是在学术活动中，推动协同、众包、互联、交互、跨学科、跨国界、跨专业合作等学术思想的普及和范式创新，可以对档案科学的发展和进步起到积极的推动作用。

其次，数字人文对档案信息化的推动作用。在数字人文中，有很多新兴的计算机科学技术被运用，这对基础设施建设、硬件适配以及软件开发都提出了一定的要求。而数字人文是一种面向人文研究者和社会大众的文化产品，它不但提升了人文历史的传播力和影响力，而且它所产生的巨大社会效益和经济效益还可以对档案数字化建设产生反哺作用。最后，在数字人文工程的发展过程中，所形成的管理模式、系统软件及硬件设备，也可以对档案的信息化建设起到一定的指导作用。

第四节　数字人文科学视域下档案文化资源的开发

档案的保存问题，如防盗、防虫、防火等，仍然是档案学界的一个长期的研究课题。虽然档案学者们对这个问题进行了几十年的不断研究，但因为各种原因而造成的档案损坏依然在不断地发生，而数字人文的出现给这个问题提供了一个新的解决思路，利用数字人文技术，可以让档案文件实现数字化存储，从而得到永久性的保存。

数字人文主义改革了档案文化资源建设的思路。数字人文主义的思维模式正深刻地影响并改变着档案文化资源开发的思维模式，其发展观念正朝着多元化、跨界融合的方向发展。

数字人文主义为档案文化资源的发展带来了新的机遇与挑战。数字人文科学为档案文化资源的利用带来了新的技术、新的工具、新的途径，极大地提高了档案文化资源的利用效率。威廉姆·布莱的数字人类档案计划通过一个免费的站点，把他的绘画和诗集以及其他一些东西展示给大众；该计划是由卡罗莱纳州的数字图书馆与档案馆共同发起的，利用文本内容分析、数据挖掘等技术，对威廉姆的数字档案进行在线浏览、检索和存取。

数字人文主义对档案文化资源的发展起到了促进作用。传统的档案文化资源，主要是把档案馆作为一个主阵地，利用档案馆所存储的大量档案资源，开展档案在线检索、获取、利用等信息服务。在"数字人文"的技术背景下，档案文化资源的开发工作，一方面可以为人文学者的科研工作提供档案材料；另一方面，它自身也是一种多主体合作、跨界融合的档案内容服务活动。在数字人文的发展过程中，将数字人文技术与档案领域进行了密切的联系，从而进一步拓展了对档案文化资源的利用，促进了其发展。

一、数字人文主义在档案文化资源建设中的作用

（一）档案文化资源的发展问题

实现了档案文化资源开发主体的多元化。从广义上讲，档案文化资源的开发主体，就是所有从事档案文化资源开发工作的人。从狭义上讲，档案文化资源开发工作仍然是由各种类型的档案馆进行的，档案馆向社会公众提供档案文化资源检索工具、不同类别的档案编研产品。这种以馆藏为基础的传统档案文化资源开发方式比较单一，已无法适应社会大众的需求。新兴的数字技术给人文学科的研究带来了全面而深刻的影响，数字人文是数字技术与人文学科交织而成的跨学科研究范畴，单一学科往往不足以解决新技术环境下出现的问题，数字人文研究团队成员需要具有不同的教育背景。这就要求我们关注学科间的交叉与融合，关注观念的转变。档案机构的人员组成比较单一，以档案专业人员为主，计算

机、历史等相关专业人员为辅，所以，从事档案文化开发的档案人员，缺少必备的信息技术，难以通过数字手段，有效地解决档案文化资源开发中遇到的难题，同时，大多计算机建设人员、数字技术平台的开发人员也缺少档案方面的专业知识，不能很好地表达档案文化资源开发人员的要求，所以，要想更好地进行档案文化资源的开发，就必须有多个学科的学者、技术专家进行交流。也就是说，在数字人文的基础上，档案文化资源的开发，不能只靠档案机构和档案人员，还要有多个学科的学者、技术专家的参与。特里·库克认为，"每一个人都是历史文献的创造者"，"威尼斯时间机器"再现的不仅仅是威尼斯政府的形象，更是威尼斯全城的形象，通过它，我们可以了解到威尼斯人的生活状态。实现档案文化资源的多元化发展已经成为一种潮流。

（二）发展档案文化资源的目的

在某种意义上，任何一份档案都拥有一定的文化价值。因此，从理论上讲，任何一份档案都可以作为档案文化资源开发的对象。然而，并不是所有的档案都有鲜明的文化价值特征，因此，也不是所有的档案都有开发的价值。能开展档案发展的档案馆，其文化特性均较为明显。

在数字人文基础上，对档案文化资源进行开发的客体，根据载体的不同，可以将其划分为两种类型，一种是传统的档案文化资源，也就是各类档案馆所保存的纸质档案，其开发方式主要是档案展览、档案编研、档案文献作品出版等。档案文化资源开发对象不应仅限于历史档案、现行档案、文化艺术档案、少数民族历史档案、民间档案、地方特色文化档案、音像档案等馆藏档案，只要是有文化价值的档案，都可以作为档案文化资源开发的对象，比如口述档案、名人档案、家庭档案、民生档案等。扩大档案文化资源的开发范围，可以使其内容更加丰富，为其注入新的活力。

另一种是利用数字化技术，将传统的档案资源转变为数字化的档案资源，利用计算机信息技术、扫描技术等，构建一个以数字人文科学为基础的档案文化资源发展模式。

二、数字人文背景下的档案文化资源建设

（一）顾客至上原则

近年来，随着移动网络和移动终端的迅速发展，微博、微信、短视频等社交媒体的普及，造成了文化产品的供给过剩，用户面对的文化产品数量庞大，形态复杂，类型复杂，在文化产品的选择上，从"卖方市场"转变为"买方市场"，也就是说，用户掌握了主动权。2019年，第十三届全国人民代表大会常务委员会第十四次会议在北京召开，会议对《中华人民共和国档案法》（修订草案）进行了研究，《档案法》（修订草案）中将档案的开放期限从30年减少到25年，说明档案的开放程度正在逐步提高，而档案文化资源的供需之间也存在着巨大的差距。因此，要想在数字人文科学视域下，实现档案文化资源的有效开发，就需要关注公众对档案文化资源的需求。"用户至上"体现在文化产品多样化的开发形态上。当今社会是一个信息社会，在这个信息社会中，信息的获取变得十分方便，大部分的信息资源都可以在网络上得到。因此，社会公众更希望可以足不出户就能得到自己所需要的档案信息，而不需要自己到档案馆去查询。除此以外，传统的档案文化产品的形态已经不再受到社会公众的欢迎了，因此，我们应该紧跟时代的步伐，利用微博、微信等新媒体社交平台，来对档案文化产品的开发形态进行创新。

（二）公民权原则

档案文化资源开发的数据量很大，仅凭档案部门是无法完成档案文化资源开发任务的，也不能将档案文化资源的文化价值最大限度地发挥出来。造成这种情况的原因有两个：一是档案文化资源的规模太大，如果只靠档案部门的力量，是很难支撑起来的；二是以数字人文为基础的档案文化资源开发，一定要有对数字技术有一定了解的人员参加。档案工作人员大多为档案学专业人员，少部分为历史专业、计算机专业人员，他们对数字人文技术并不熟悉。所以，在数字人文视域下，档案文化资

源开发工作，不仅需要有专门的档案专业人才坐镇和把关，还需要有数字人文领域中的精英人士参加。除此以外，近年来，随着家庭档案、家谱档案的崛起，社会公众在档案的形成中起到了很大的作用，因此，很有必要让社会公众参与到档案文化资源的开发中来，一方面可以减轻档案部门开发档案文化资源的压力，另一方面也能让公众有参与感，这样，不仅档案资源能得到充分的利用，还能提升社会公众的档案意识。

（三）开发形式多样化

在数字人文视域下，档案文化资源开发的优势在于，可以利用数字人文技术对档案文化资源的开发形式进行创新。传统的档案文化产品主要包括档案史料汇编、档案微缩制品和图册等，它们以纸本为主，表现形式比较单一。在数字人文的参与下，档案文化产品的形态已经不再局限于纸本，它还可以利用新兴的新媒体技术，以微视频、动漫、图文、虚拟空间等形式，对档案文化产品进行多样化的展现。

（四）整合资源的原则

信息资源的集成，既是实现档案资料数字化的主要途径，又是开发档案文化资源的基础与前提。在现代社会进入信息时代的背景下，为了更好地为用户提供服务，档案部门开始打破时间、空间的限制，实现与其他部门的资源共享，档案资源的整合是开发档案文化资源的一种重要方式。例如，图书馆、档案馆和博物馆所推行的数字资源整合的方式，已经不限于档案馆，而是要在宏观上强化对档案资源的控制和规划。

（五）优势互补的原则

无论采用何种方式，都应使主客体各自的优点得到最大限度的发挥。从主体的角度来看，参加档案文化资源开发活动的人员要积极地将自己的优势发挥出来。比如，档案机构人员对档案管理活动比较熟悉，所以可以由他们负责档案收集、整理等工作。历史研究人员可以运用自己的专业知识，对档案展开深入的研究和发掘，从而对档案的真实性进行鉴定，对档案的价值进行评估。数字技术人员可以利用自己的技术特长，对档案文化资源的开发形式进行创新。从客体的角度来说，档案文化资源的开发以档案为中心，所以，如何发挥档案的价值是至关重要的，中国所选取的档案，一定要做到真实、系统，能全面地反映社会的实际情况，使档案在开发过程中的有利地位得以体现。

三、数字人文背景下的档案文化资源建设

（一）分立发展模型

"自主发展"模式，是指档案部门在不依赖外部力量的情况下，以一己之力完成对档案文化资源的开发。这种独立发展的方式是完全由档案馆自己来进行的，它的特点是：各部门具有相近的专业背景，可以更好地与上级进行沟通，有利于档案文化资源的发展。例如，青岛市的"青岛记忆"工程，由青岛各级档案局分别负责实施，2002—2006年间，青岛市档案局利用摄影视频、文字记载等方式，共收集到1752个项目，其中包括20000分钟的视频、20000多幅图片，截至2015年，青岛档案局共搜集了12万条城市数据、17万多个视频。青岛市档案馆通过制作公益广告、纪录片、专题展览等方式，把青岛的历史变化展现得淋漓尽致，提高了市民对青岛的认同感和归属感，充分体现了档案馆承载着社会记忆，承担着传承和发扬历史的责任。

（二）共同发展的方式

基于数字化人文科学技术，共同开发可以最大限度地利用档案文化资源，使其优势得到最大限度的发挥。这种模式建立在档案文化资源的基础上，在这种共同开发的模式中，档案部门处于领导地位，掌握着开发档案文化资源的主动权。档案部门应结合自己的经济状况，从外界引入先进的档案文化资源开发理念、技术、人才，从而使档案文化资源开发取得最大的经济效益和社会效益。

馆际协作的方式有三种：第一种是地方档案馆间协作；第二种是地方档案部门与大学档案部门进行协作；第三种是图书馆、档案馆、博物

馆三方共同开展的"馆际协作"。馆际协作模式是开发档案文化资源的一种重要方式，地方档案馆、高校档案馆、图书馆、博物馆共同建设开发、共享档案资源成果，能够促进各档案馆的资源互补，达到共赢的目的。由北京市档案馆与首都博物馆共同开展的《北京的胡同四合院》系列展览及专题讲座，是一个具有代表性的馆际合作项目。《北京的胡同四合院》是一个由"胡同""院子""家庭"三部分组成的画展，它的理念突破了以往的叙事模式，以独特的视角，从宏观到微观，从建筑形式到人们的生活方式，全方位、多角度地展示了北京四合院的历史与魅力。《北京的胡同四合院》是北京档案馆和首都博物馆首次合作举办的一次大型文化展览，通过文献资料和历史遗存的相互印证，为胡同四合院文化增添了一份厚重的历史气息。

（三）外包开发的技术模式

外包指的是企业将生产或经营中的某一个或几个环节转交给其他公司来完成。而在档案领域中，技术外包指的是将档案文化资源开发活动中涉及的技术，委托给第三方来进行开发。最近几年，随着数字人文的飞速发展，云计算、大数据等信息技术被越来越多地运用到了各行各业之中，信息技术在处理海量数据方面拥有得天独厚的优势。因为档案部门的工作人员所学专业大多是档案专业、历史专业，所以拥有信息技术背景的工作人员并不多，因此可以说，在数字人文视域下，档案文化资源的开发，可以通过与信息技术公司进行合作，发挥它们的技术优势，对档案馆的网络设施进行优化，对档案馆的资源进行整合，并运用数据发掘、关联数据、可视化等数字技术，对档案文化资源的开发方式进行创新，为档案用户提供优质的档案文化产品。

（四）跨境协作发展

跨界指的是从某一属性的事物，进入另一属性的运作中，主体不会发生改变，但是事物的属性归类会发生改变。在网络时代，跨界变得更加明显，也更加广泛。跨界合作开发模式，指的是以档案部门为主体，以积极开放的心态融入其他行业，以多种方式选择合作对象，调动其他行业的技术、人才、资金等资源，将这些资源整合转化为档案部门可以使用的资源，使档案部门内部和外部资源达到"1+1>2"的效果。跨界协作发展的方式主要有以下两种。

1.高校、科研院所和档案机构的跨界协作发展模式

大学档案系教师、学生和档案研究单位等具有较高的档案专业水平、较强的研究能力，其知识与经验为跨界协作提供了坚实的支撑。高校、科研机构和档案机构之间的跨界协作，能够形成优势互补的局面。一方面，档案机构可以获得高校、科研机构的理论指导，以助于档案机构工作人员对档案文化资源进行深度开发；另一方面，科研机构可以将档案机构作为实践平台，将理论与现实相结合，及时地解决在档案文化资源开发实践活动中遇到的问题，并在实践中对理论的正确性进行检验，从而提高理论研究的水平。

2.档案部门与商业机构跨界协作发展模式

商业机构是以赢利为目的的组织，所以商业机构要随时注意市场上的信息，才能做出正确的商业决定，所以很多商业机构都需要把档案资料当作自己的决策依据。而档案部门属于公益性机构，虽然它们拥有庞大的档案资源，但是它们无法将这些资源开发成产品。所以，在这种情况下，档案部门和商业机构之间的合作，能够实现资源的互补，取长补短，这样不仅能够产生经济效益，还能够产生文化效益。近年来，档案部门与商业机构的合作方式得到了很大的发展，同时，档案文化资源的开发也取得了很好的成效。比如，江苏省档案馆与软件管理公司合作，推出了一套名为"家谱管理系统"的档案系统，目的是让公众更好地认识家谱，更好地为公众提供科学的家谱建设，并提升他们的档案意识。

四、档案资源在数字人文中的发展和应用策略

（一）构建以数字人文为导向的资料组织

在档案信息的开发和使用过程中，要对其资料类型进行界定。从档案生成主体的角度来看，应用于数字人文的档案资源主要包括结构化数据、半结构化数据和无结构化数据，从载体的角度来看，大多是数字化资源。在具体的应用过程中，数字人文对于档案资源的结构化、规范化和标准化的要求都比较高，所以结构化数据的应用也比较广泛。为了将分散的档案资源向结构化的档案数据转变，我们可以从三个方面着手：一是从数字人文的要求出发，对馆藏的档案资源进行一次全面的调查，加速纸质档案资源的数字化转换；二是利用数字档案技术，将零散的文件信息进行整合，从而提高文件的规范化、标准化程度；三是推动政府机关、社会团体、个人等多层次的参与，以丰富的档案资源为依托，促进档案管理的发展。

根据数字化人文科学的要求，建立档案资料库。在总体规划上，基于数字人文的管理与实践，综合运用数据库技术（数据挖掘与分析等），对档案文本展开深度分析，尤其是对档案的著录、编目、标引等，为档案的组织与利用提供基本保障，同时，建立以数字人文为核心的专题数据库。在具体的操作层次上，要注重前后端的开发和管理。在前端，应该强化控制系统的构建，制定出一套以数字人文为导向的数字化建设规范与标准，促进数字人文档案的共建共享。与此同时，还应该构建一个统一的管理框架，将不同类型的数字人文的具体应用嵌入其中，为对数字人文资源进行多元化的管理和利用提供一个平台。在后端，应该将数据集的构建和开发工作做好，将数字人文的档案数据集划分为不同的模块，并以数据特征为依据，选择适当的前端发布平台。

构建一种面向数字人文科学的档案资料表达方式。在传统的数据库系统构建过程中，逻辑层承担着对数据库的控制与处理，它的最重要的

任务就是对实体、实体属性以及实体之间的关系进行处理，而其中的重点就是，如何将抽象的档案信息资源经过一系列的加工，以可视化的方式显示在前端，并且需要经过一系列的过程，将前端的数据逻辑编码转换为数据库中的信息。在数字人文的视域下，就应该以其面向人文研究者和社会公众的特点为依据，来灵活地增减实体。比如，可以使用时序与空间分析相结合等方法，对时序内容信息与空间内容信息进行整合，并从人、地、时、事、物等维度，对与组织有关的、面向数字人文实践需求的档案数据进行描述。

（二）利用数字人文科学的手段发掘档案馆的价值

一是对档案资料进行知识组织。其基本目标是把原来杂乱无章的档案馆知识组织成相应的知识单位。在实际操作过程中，大多使用"元数据标注—本体论建模"的方式来组织档案资源。一方面，我们可以从数字人文应用的特定需求中提取出有关的元素；另一方面，我们也可以从数字人文应用的特殊性中，自主地对元数据标准的元素进行设计，从而实现个性化的知识组织。

二是档案之间的知识联系。在元数据标准化和本体论模型建立之后，档案知识仍然以单独的单元形式存在，没有相互联系。为了实现知识元素之间的聚集，人们通常使用知识图谱来解析、定义和融合各元素之间的关系。例如，北京大学数字人文研究中心开发的"宋元学案知识图谱可视化系统"，通过对《宋元学案》这本自然科学著作的全文进行文本挖掘与深度解析，从中抽取出人物、时间、地点、著作及其复杂的语义关系，构建出一幅知识地图，并基于该地图，实现了对数字人文的远程阅读、多种可视化呈现、互动浏览等功能。

三是对档案馆的认识。档案知识组织和关联指的是对原有资源进行再组织，而知识发现指的是将两者结合起来，并在此基础上，对文件中所包含的潜在价值进行深层次的发掘，从而将原来很难被发现的重要信息和隐藏元素，用更细粒度的挖掘方法，构建出新的图谱。例如，由上海博物馆研发的"董其昌数字人文展示系统"，将董其昌的生平、交友、社会关系等信息，以董其昌为核心，构建起一个晚明时期的艺术生态圈。

此外，还应在档案的使用上实现协同。加强与人文科学研究者、高等院校和科研院所的交流与合作，提高其为社会服务的能力。在个体用户的需求上，要构建出一个良好的沟通、反馈机制以及一个用户服务体系，重视将数字人文的经济效益和社会效益充分地发挥出来，并以此为基础，对图书馆的藏书结构进行相应的调整，使之更好地为各个主体服务。同时，还可以通过展览、档案网站发布等方式，对编研成果进行宣传，与社会各方面的人文信息发布平台密切接触，扩大数字人文应用的宣传范围，让数字人文成果得以充分转化，让档案的价值得以体现。

（三）探索以数字人文为导向的档案服务方法

档案服务界面的设计，以数字人文应用的不同场景为依据，在服务接入方面可以使用 Web 服务程序，通过标准的 Web 协议来提供服务，其目标是确保不同平台的应用服务能够实现互操作。除了对数字人文应用进行集成，服务界面还应该为用户提供与档案内容相关的过程信息，比如版本号、时间、操作管理员等，利用统一接口来实现集中管理、集中开发，最终建立一个完整的数据库，将检索服务整合起来，建立一个一站式服务平台。同时，要创建档案的个性化服务模式。具体来说，它为用户提供了一个模块化的服务功能，用户可以按照自己的需求，在管理系统的各个服务模块中进行查询并获得信息。这就让传统的以档案为中心的服务模式发生了变化，从而大大缩短了用户与档案资源之间的直接距离。同时，这种点对点的利用方式还有助于提高档案的利用率，解决传统模式下存在的"信息孤岛"问题，创建起多主体参与的协同服务模式。

以用户需求为中心进行服务模式的创新。档案种类繁多，在数字人文环境下，其发展主要是基于结构化的资料。但是，由于个人已成为档案生产中最主要的一种，因此，对碎片化、分散式的档案资源进行开发与利用将成为一种发展趋势。针对这一现状，我国档案馆必须结合自身的特点，结合自身的实际情况，在服务上进行创新。例如，在个人用户方面，数字人文项目要着重对资源进行个性化的检索和组织，并在此基础上进行更深层次的内容服务，接入与图书文化和文化自信有关的数据界面，使公众可以更加便捷和直接地获得档案服务。而对于人文历史研究人员来说，他们更要强调档案利用和开发的技术特征，将多种阅读模式相结合，从而得到一幅全新的知识图景，为他们提供一种跨学科、跨时空的全新的阅读方式。

第六章　人事档案数字化建设

第一节　人事档案管理制度的发展与优化

一、人事档案数字化建设的必要性

（一）数字化是人事档案工作的必然趋势

在传统模式下，人事档案主要以纸质形式存在。随着社会经济和科学技术的发展，人们对于档案资料的需求越来越大，这就要求相关单位必须加强对档案资源的有效整合以及合理应用。因此，为了满足当前形势下的实际需求，应该将数字化技术引入档案管理中，通过建立相应的数据库、网站等方式实现对档案数据的收集、整理及存储，并且能够借助这些先进的设备和平台进行检索查询，从而更加方便快捷地获取所需的档案信息，提高档案使用效率。同时，还可以结合自身情况构建完善的信息管理系统，进一步促进档案资源的开发和利用。另外，由于部分地区受条件限制，无法及时更新硬件设施，导致档案管理水平较低，严重限制了档案价值的发挥。所以，有关部门一定要重视这一问题，加大资金投入力度，积极引进现代化设备，不断提高档案管理质量和服务水平。

（二）数字化是人事档案工作的重要组成部分

在当前社会中，各单位都非常重视对档案资料的收集和整理。但由于受到传统观念以及技术等因素的影响，很多人并没有认识到档案资料的价值所在，也就导致了这些档案资料无法得到有效的应用。而随着我国科学技术水平的不断提高，越来越多的先进设备被运用到了各个领域之中，这不仅为相关行业提供了便利条件，还能够促进其更好地发展。所以，在今后的发展过程中，应该加强对档案资源的合理化、科学化建设，这样才能够使更多有价值的信息内容发挥出应有的作用。另外，通过对档案进行数字化处理，可以建立相应的数据库，从而实现档案数据的共享，进而提高档案的使用效率。除此以外，通过对档案进行数字化处理，还有利于构建一个完善的信息管理系统，从而进一步推动整个档案事业的可持续发展。

（三）数字化是人事档案工作的有效手段

传统的人事档案，在档案的收集、整理以及保管方面都需要大量的人力和物力。而且由于纸质材料容易受到外界环境因素影响而出现损坏或者丢失等问题，因此会导致人事档案无法发挥其应有价值。但是随着社会经济发展水平不断提高，人们开始重视档案资源的开发和利用，并将更多精力放在了档案数字化建设方面。通过加强档案数字化建设，能够实现对各种类型数据资料的整合分析，从而为相关人员提供更加准确可靠的参考依据，这也使得档案资源得到了充分合理地应用。此外，还可以借助网络技术搭建相应的数据库系统，这样不仅便于用户查询所需内容，同时还有助于提高档案服务质量。由此可见，只有充分利用好数字化这一重要工具才能促进人事档案事业健康稳定发展。为此，各单位应当结合自身实际情况建立起完善的信息管理平台，以便及时更新和维护各项基础设施设备，确保档案资源得到高效安全的存储和使用。

二、数字人事档案建设的发展趋势

（一）为保护数据信息而选择合适的操作系统

人事档案的数字化建设和管理离不开电脑软硬件的配合，只有这两个方面相互配合，才能确保其完美地运行。因此，在对操作系统的选择上必须综合考量。首先要保证系统自身的安全，检查有没有病毒、有没有恶意的外挂、信息的安全程度有多高，等等。若系统自身有缺陷，且信息安全性不高，则很容易导致人事档案资料的丢失、拷贝和盗用。其次，在将系统移植到电脑上的时候，要注意操作系统的兼容程度，以免破坏原来的资料。操作系统之间的不兼容性，将使电脑上的资料发生变化，导致资料缺失或无法读取。最后，为了避免人事档案数据库在日常维护过程中受到恶意的泄露和修改，需要建立严格的访问机制。

（二）以现状为基础，构建人事档案库

建立人事档案库，要根据单位的实际情况，将纸质档案一个个地数字化，转换成电子档案，做到一一对应，并将它们上传到电脑系统中。它的基本程序是：先对纸质档案进行扫描，然后对档案图像进行处理、图像质量检查等；再以 JPEG、PDF 或 TIFF 等格式生成档案文件；最终，将个人的档案文件，经由私人网络上传至特定的服务器，存入个人资料库。随着科技的进步，利用资料流式技术，文件的扫描和文件的上传已成为可能。实现人事档案的数字化，为人力资源管理提供了方便和有效的手段。

（三）建立大数据平台，各国应制定统一的数字化标准

随着"互联网＋"的发展，各个行业的建设已逐步进入到网络化和数字化的阶段，人事档案的数字化建设和管理也正处于一个积极的阶段。要在全国实现人事档案的数字化，就必须制定一个统一的数字化标准，并把这个标准的技术和软件推广到全国的各个企业。同时，还应在相关的网络上进行加密，以保证档案资料的安全性。在国家层面上，实现人事档案数字化，对人力资源管理工作的改革和创新具有重要的推动作用。通过专用网，实现了全国范围内不同的人事档案部门间的互联互通和信息共享，从而达到了及时监督和控制人事档案流动的目的。

总之，数字人事档案在新时期有着非常重大的意义：一方面，可以提高工作水平、工作效率；另一方面，可以对档案管理的流程进行有效的规范，构建人才档案全生命周期闭环管理体系，提高档案管理的规范性和有效性。此外，通过对档案管理人员进行系统的培训，还在一定程度上提升了相关人员的业务能力和综合素质，从而使人事档案从管理审核到转移转递都可以实现无缝对接，最大限度地保证数字人事档案的真实性，从而充分发挥人事档案在人事管理工作中的重要作用。

三、人事档案职能的缺失与治理途径

无论哪一家公司，在日常经营中，都要重视人力资源工作，使人力资源部门的工作人员尽可能地发挥自己的聪明才智，为公司物色合适的人才，而在物色人才之前，一定要对这家公司的员工有基础的认识，只有掌握了员工的基本信息，才能做出全面的考虑和判断。在进行人事档案管理工作时，还应及时地对有关的信息进行更新与维护，在保证真实性的基础上，对其进行保密，避免泄露个人隐私。除此以外，管理者还要结合具体的文档内容，对相关部门的各种政策提出意见，为员工的成长提供更加完备的数据支持，特别是在晋升、评优时，要根据人事档案分析员工的能力和水平，这样才能更好地发挥人事档案管理的功能。

在人力资源工作中，人事档案管理是非常重要的一个环节，并且，在不断地完善，能够为员工提供更加公正、更加客观的资料。企业在经营中发生变化，也就对人事部门的工作提出了更高的要求，即要根据当前的实际情况，积极地进行人事调整，或者进行岗位变更，这样才能更好地推进工作。在这一工作过程中，人事档案能够帮助公司合理地分配员工，对其做出更加科学和全面的评价，从而最大限度地发挥人力资源的作用。

在招聘员工时，应聘者所提供的各种档案材料必须是真实可靠的，作为一个人的成长历程的记录，对一个单位的招聘具有重要的意义。另外，在日常工作中，还涉及员工的学历、工龄、职称等问题，而在原始的档案中，往往会有详细的记录，每个时间段都有明确的标注，从而能够提供更加全面、准确的员工招聘信息。在被正式聘用之后，员工要结合自己的实际情况，对已有的档案进行相应的修订和完善，这样，管理者才能在未来的工作中，合理地安排岗位，做到知人善任。并且，在人事档案中，一定要将员工的思想品德等都记录下来，以备日后工作晋升时参考。

（一）人事档案的失效及其表现

1.档案丢失是常见的

在我国，流动人口的"缺档"是一种特殊的"缺档"现象。当前，我国缺失档案信息的主要有三种群体。第一种是大学、高中毕业生，这部分人是"没有档案"的主要群体。一些大学毕业生由于不熟悉档案整理工作的流程，加之在毕业后没有找到理想工作，所以对个人档案没有给予足够的关注，因而没有将个人档案及时转入用人单位。第二种是在国外学习的人。一部分人在移民到海外后，便忽视了对本地档案的整理和保存，大部分人已忘了保存档案的单位，导致档案遗失。第三种群体是经常在不同地方寻找工作的跳槽者。随着各单位之间职位更替的加速，这一群体将会逐渐抛弃其个人档案，再加上时间、空间等外在条件的制约，使得这一群体成了档案遗失的主要群体。

在改革开放初期，个人的自我价值的实现更多的是依靠单位组织，而人事档案是个人经历和组织评估的载体，对一个人在单位组织中的地位和待遇有很大的影响。在中国特色社会主义市场经济体系逐步健全的今天，人们越来越注重通过业绩、知识和努力获得相应的物质财富，而这种情况的出现，直接造成了人事档案的管控作用越来越弱，计划经济时期由单位组织安排工作、生活和就学的大环境已经不复存在，多样化的就业和雇佣方式，使评价一个人的价值的标准不再仅限于人事档案。

2.档案监管失范

在目前的人事档案管理体制中，党政领导干部是最主要的利益主体。干部人事档案最直接地反映了干部的思想状态、历史经历、心路历程、工作业绩以及政治表现等基本信息，它是组织人事部门在工作中进行升迁任免、工作考核时的重要参考依据。最近几年，在全国的干部选举中，有一些已经到了考察和公开的时候，由于档案有问题而没有履行职责，这主要是由人事档案作假造成的。在"三龄两历一身份"这一"重灾区"，特别是对干部选拔任用有很大影响的学历、年龄等方面的情况，更是如此。

3.档案重构机制不健全

传统的人事档案管理思想源于计划经济制度。在计划制度下，人事档案与人的流动密切相关，它是一个人流动的辅助条件，它对子女的教育、住房、退休待遇等个人权益的落实和分配有着直接的影响。特别是在科研院所、教育文化、广播电视、医疗卫生等国有企事业单位中，技术性员工直接或间接地参加了竞争性的经营活动，从而导致了人才的竞争更加激烈。因此，人事档案是限制人才流动的一个重要砝码。目前，随着我国社会主义市场经济体制的逐步完善，以市场为导向的人力资源要素配置方式已经成为用人单位选择与人才流动的新潮流。一些单位强制保留档案，势必会引发一些非正规的"重新建档""重构档案"行为。

"重新建档""重构档案"解决了劳动力自由流动的问题，加速了市场资源的合理分配，提高了企业对人力资源的发掘、储备、使用等能力。但与此同时，不断提高的人员流动性又对现有的人事档案管理体制提出了很大的挑战。如何界定"重新建档"或者"重构档案"的概念，如何规范它的形成与运作机制，它是否具有真实性与客观性，以及它与原档案之间的联系，这些都是我们要重点研究的内容。

（二）人事部门工作记录不规范现象成因剖析

1.从封闭式向开放式转变：现行档案管理体制自身的两难选择

封闭性是现行档案管理体制固有的特点。但是，在社会转型的大背景下，各类人员档案职能缺失给现行的封闭管理带来了长期的影响。在一个开放的社会里，主动丢失档案、档案造假、档案重建等现象变得更加常见，更多的企业和社会经济组织对人事档案的管理和作用没有清晰的认识，更多的人对人事档案没有足够的重视，有些单位把员工的人事档案寄存到了人才服务中心，有些单位则没有任何的要求，还有一些单位在录用员工的时候，还会要求员工自己保存人事档案。在现行的档案管理体制下，这种封闭式的档案管理方式已经不能很好地适应当今社会的变化。

在这种以市场为基础进行资源配置的环境中，传统的人事档案中只包含个人的基本情况等较为空泛的内容，而对于技能掌握情况、行业经验等能够展现个人素养和创造价值的内容却很少有描述。因此，对于企业来说，将其作为选人用人的评价依据太过单一，而简历因为其形式简单、内容丰富，已经渐渐成为用人单位了解个人的一个最直接的窗口。除此以外，企业等社会经济组织更多采用现场面试、团建考核、竞争性淘汰等多种方式来对个人的价值展开评估，以能力、实力、业绩来决定英雄。因此，在人员流动频繁的企事业单位中，传统的人事档案和它的封闭式管理制度正在慢慢地走向衰弱，因此，传统的人事档案自然就变成了可有可无的存在，丢失成了档案最后的归宿。

2.由"身份"向"契约"转变：社会结构变迁中个人的适应性

在改革开放40多年的时间里，我国社会关系的组织形式发生了结构性变化，从传统的单位组织形式逐步演变成了多元的社会组织形式。因市场机制调整而产生的利益多元化，使得个人不再依赖于单位组织，人与人之间的组织关系变得更广泛、更复杂，也更注重经济关系和利益关系的联结。在社会关系中，人际关系越来越多地依赖于市场契约所形成的权利、义务和责任，并且这些因素已经超越了身份和单位组织的约束，成了新的连接各种社会经济关系的最基本的纽带。人在共同利益的驱使下，会组成新的团体，团体中的身份标签也会逐渐淡化。

在社会转型时期，市场合同对人们的关系进行了重新界定。与"单位"身份相比，"合同"重塑了"个人"在"自由竞争"中获得财富、社会地位的机会与可能性，并逐渐打破了"单位"所定义的"社会经济地位"，使"个人"与"单位"之间的关系变得更加平等，"个人"更加独立。"个人"与"组织"之间的双向选择，为"市场合同"的进一步演化提供了路径。随着人与组织的关系的调整与适应性的提升，传统的人事档案管理体制的灵活性在不断增强，其资源配置与权力制约的性质在不断减弱。

3. 由"计划"向"市场"转变：由单元化带来的新的社会治理鸿沟

在中华人民共和国成立初期，中国仿照苏联模式，依靠高度中央集权的计划经济，以"单位"为媒介，并辅以"强制收益"的方式，实现了"国家"和"个体"之间的相互影响。因此，个人所在的单位自然而然地变成了个人流动的障碍，阻碍了对人力资源的有效利用，进而对个人择业自由、经济发展和社会的流动产生了影响。"人能不符""能不配位"的现象较多，致使工作效率、生产效率、系统效率较低，加之档案信息获取的行政性垄断，致使单位人员不仅重视而且依赖于档案。

随着改革开放的不断深入，以及市场化进程的不断推进，单位所起到的联结作用在不断地被削弱，它不再是一个提供公共物品和公共服务的机构，它对人的管理和控制功能也在不断地被削弱。而个人作为社会活动中的最小原子，已经不再需要依靠单位的作用才能开展活动，他们主要是在寻找利益共同体的过程中，与国家、社会以及其他个人建立起联系，因此他们对人事档案的依赖也变得越来越少，人事档案管理改革的滞后已经为社会管理打开了新的制度性缺口。

（三）深化人事档案体制改革之路

1. 由"两条轨道"到"一条轨道"的转变：构建"公众个人记录系统"

中国目前的社会结构正在经历着巨大的变革，这在为人才流动提供了机会的同时，也对人事档案体系提出了新的挑战：一是，现行的人事档案体系还未完全脱离"计划经济"的特征，不能充分发挥其应有的作用；二是，以市场经济为基础的流动人口档案体系，不能很好地适应社会资源的配置，也不能很好地满足社会对人才的需求。在市场体制下，人事档案制度存在着二元分裂、双轨并行的状况，这只是转型时期的一种过渡，它的主要作用是调节利益、缓冲矛盾、积累经验，但是它终究不能解决人事档案制度和功能上的不足之处。要破解这个难题，建立一个既能适应社会主义市场经济，又能满足社会公众服务的多样化需求，同时又能涵盖多种档案类型，体现人事制度的效益的人事档案体制，是目前不断深化人事档案体制改革的一条可行之路。

社会人员流动频繁，大量专业人员档案和毕业生档案、流动人员档案委托给各级各类人事中介机构保管，通过技术手段集中统一管理，具备向用人单位和个人开展公共服务的条件。公共人事档案具有公共性、服务性和以人为本的特点，其在价值、功能等方面与传统的人事档案并无太大区别，区别在于，公共人事档案的作用更加广泛，这表现为一种以公共利益为原则、以公共服务为导向的制度设计，这将有助于加速建立一种科学、有效的人才发展体制，保护档案相对人的合法权益。

2. 由管到治——建立诚信和纪律在人事档案中的作用

"作假"是现行人事档案体制改革滞后而导致的一种"衍生品"，屡禁不止，很难根除，同时也让人对其公正性产生了怀疑，造成了现行人事档案体制的诚信危机。在社会转型的大背景下，要进一步深化人事档案体制改革，就必须从管理角度向治理角度转变，为建立公众间的普遍信任提供制度保证，也就是形成诚信档案。在社会管理中，要从"政治"的性质逐步转变为"信用"的性质，并以此为基础，建立健全全社会的信用信息系统。

要使人事档案具备"信用"的性质，就需要建立一套完善的个人信用信息体系。信用档案的内容不应局限于由公安、工商、城管、房管等政府职能部门收集的个人信息，更应将银行、交通、教育等社会服务和中介机构包括在内。关于人事档案信用管理的收集，应由政府牵头，引入具有专业资格的第三方社会机构，在真实、有效和合法的基础上，由具有专业资格的第三方机构收集与企业或者个人信用状况相关的数据。此外，还应建立惩戒机制，以规范信用管理机构、信用档案主体的行为，引导市场主体诚信为本，和谐发展。

3. 由控制到服务的转变——建立一套对人才使用的多元化、开放性的评价制度

在社会转型时期，"以人为本"的理念正逐步成为人们对社会治理的

普遍认同，因此，在公共管理及决策过程中，必须具有一定的灵活性和适应性。当前，刚性的、硬性的管制政策已经不能与社会发展以及人力资源流动的需求相匹配。与此同时，在法律上，组织、个人的权利与义务，也随着社会组织结构的改变而日趋扁平化和分散，人事政策与管理从一开始的监督、管制等硬性措施，慢慢地向促进社会、激励、服务与提升个人流动，使其能够更好地实现自身价值转变，从而推动了个人与社会之间的良性互动。

在进一步深化人事档案体制改革方面，我们要在新的历史条件下，从管理思想向服务思想转变，建立一个更加可持续的人才使用与评价指标体系。具体来说，就是在社会分工和社会转型加速的情况下，把能力、经验和业绩置于与有关政治属性的考核同等的位置上，把它们作为企事业单位选拔和用人的一个重要考虑因素。加速对人才进行评估的多元化，就是要逐渐提高对经验、业绩的评估所占的比重，从而达到职业身份、政治素质与工作能力、业务水平相匹配的目的。

四、人事档案工作体制和工作方式的改革

与先进国家相比，我国人力资源的开发和利用还处于起步阶段，相对落后。但是，随着我国市场经济的不断发展，经济竞争越来越激烈，企业想要在这样一个激烈的竞争环境中立足，就需要对人事档案管理制度和管理模式进行创新，从而积极地面对市场的挑战。

（一）人事档案工作改革的重要性

与先进国家相比，由于我国企业和事业单位的人事档案工作还处于起步阶段，加之各种外部因素的影响，使得企业和事业单位的人事档案工作存在着许多问题。除此以外，在传统的人事档案管理中，只提供了大量的个人信息，比如家庭背景、特长、教育经历等，还特别重视个人的学历、工作经历，但不是特别重视个人的能力和绩效。然而，这种管理现状与目前变化莫测的市场环境相匹配，是不合适的。唯有不断地改

进人事档案管理的制度和模式，并进行创新，并将更多新颖、行之有效的管理制度与之相结合，才能真正推动企业和事业单位健康发展。

（二）目前人事档案工作中的几个主要问题

1. 人才档案管理观念淡薄，管理方式单一

当前，在企业和事业单位的人事档案管理中，普遍存在着管理方式比较单一的问题，许多管理者的观念还停留在传统的水平上，只是对员工的基本工作信息进行归档，而没有去探索更深层的管理含义。没有充分认识到个人档案的重要意义，导致了"弃档"现象的发生，以及对个人档案工作原理的忽视。

2. 人事档案的保密工作，不利于人才的流动

人事档案具有很强的隐蔽性，不利于人才的流动。传统的人事档案管理，一直都强调员工档案信息的封闭性和隐蔽性，因此，它存在着显著的流动不合理的现象。它不利于整个企业或机构的人力资源配置，员工没有自由选择的权利，极大地降低了员工的工作积极性。此外，员工的档案常常在领导的控制之下，给员工的管理安排只是领导的一家之言。

3. 人事档案的内容还不够充实，没有实用价值

传统的人事档案中包含员工的工作经验、思想品德、学历等方面的内容。然而，在实际工作中，要做到全面了解员工的工作经验、思想品德、学历等都存在着很大的难度，这就不能很好地满足企事业单位对人力资源的管理需求。此外，对档案内容的真伪缺少审查，存在着许多假学历、假信息的情况。

4. 信息不对称

在新的历史条件下，没有信息化技术的支撑是不可能实现的。然而，目前许多人事档案管理工作还由人工处理，再加上异常庞大、琐碎的人事档案数据信息，如果仅仅依靠人力来进行管理，不仅会降低管理效率，还会提高出错的概率。因为信息化程度较低，所以不能对企事业单位的员工信息进行有效的反映，很难实现人力资源信息的共享，对企事业单

位的人才选择产生影响，还会对企业的发展产生制约作用。

（三）改革人事档案工作的体制与方式

1.提高员工对人事档案的认识

在新的历史条件下，如何在新的时代背景下，有效地推进企业人事档案工作的体制与方式的改革，既是对企业自身发展的要求，也是对企业全体员工的要求。人力资源部门的领导要加强对员工在思想上的正确指导，使每个人事档案管理人员重视人事档案管理工作，并聘请专门的教师对其进行宣传，使员工形成良好的档案管理意识。这是进行人事档案管理体制与方式改革的先决条件。

新时代将更加创新的人事档案管理系统应用于实践。首先，要明确职责，保证相关文件资料的搜集质量和数量。提高档案的精确度和完整性，并针对人事档案工作中的缺陷提出更加完美的解决方案。加强与有关部门的联系，做好档案资料的整理工作，尤其要注意档案的回收工作。对档案的内容进行进一步的补充，不仅包括基本的信息，还应对业绩、具体的培训、工资的变动等进行综合考虑，使档案的信息更为丰富。其次，要保证管理体制的创新，使管理工作更加规范化。对档案管理人员进行定期的培训，制订完善的考核制度和考核标准，不合格的人员必须接受继续培训或者调岗。最后，应当对档案的收集、存放、检查等方面做出更加具体的规定，并进行相应的监管，防止档案被篡改等不良现象的发生。在建立人事档案填表系统时，要注意不规范的填表内容，对不规范的填表内容进行仔细的甄别，对档案信息的真实性作出正确的判断。

2.推动有效运用创新管理办法

推动革新管理方式在实际中的运用。人事档案管理工作具有保密性质，但在人才流动社会化的趋势下，我们需要给予更多的关注和重视。不能因为个人档案而阻碍人才的流动。高效的人才流动有利于人才的交流。在社会范围内，展开人才的交流和流通，对于广大企事业单位来说，能够吸收更多有才华的人才。因此，对人事档案管理进行创新，需要广大企业人力资源管理者在具体的实践过程中，不断地摸索，不断地完善。

3.充分发挥现代信息技术的优势

近年来，信息技术得到了飞速的发展，其应用范围越来越广。改革企业人事档案的管理体制与方式，要把现代信息技术与之相结合。从传统的企业人事档案的管理来看，大多数都采取了纸质保管的方式，这种存档方式非常不利于对其进行统一的管理。另外，纸张和笔色的差异，很容易导致文件内容的混淆，而且纸质档案还具有一定的可涂抹性，因此，很难确保人事档案的真实性。而采用信息化的管理方法来代替传统的纸质管理，可以极大地提高管理效率，不但可以方便地保存，而且可以大大地提高人力资源的利用率，节约大量的空间，从而推动人力资源管理向规范化的方向发展。

运用现代信息技术，做好人事档案工作。第一，要提高认识，认识到档案工作的重要意义，要重视档案工作的信息化，并做好对档案工作的支持，要在组织内部、人事等方面进行协调，使档案工作的组织结构得到持续的优化。第二，要保证相应的硬件支持，相应的技术也要不断地提高，公司要加大对档案的信息化建设力度，引进更多的新的、先进的管理设备和技术，让管理部门在保证自己的管理系统正常运转的同时，进行动态的管理，从而达到对档案信息化管理的实际效果进行实时监控的目的，增强各部门间的沟通和交流，保证档案资源的有效使用，真正地为企业的发展服务。

4.推动人事档案工作标准化

提高人事档案管理效率、管理水平，并与现实情况相结合，着重指出了人事档案管理更加规范化和统一化的目的的实现具有十分重要的意义。各级政府在遵循有关法律法规的前提下，努力推进人事档案的规范化、统一化，对人事档案管理中的任何一个质量问题都不能忽视，不能有不科学的管理，保证每一位人才的资料都能被完整地记录下来，并根据不同的人群进行分别的管理。改进因人才流动过多而产生的档案跟踪不及时的问题，将大大提高人事档案管理的实效。人事管理制度与现实需求相结合，对其进行分类管理，不符合人事档案管理条件的人员，也能够享有与其相同的社会福利，消除了档案身份的界限，努力构建全社会公民化的人事档案管理制度。

第二节　人事档案管理创新技术应用

一、人工智能技术在人事档案管理中的创新应用

在当今社会，信息化是社会发展的潮流。在目前信息化趋势日益加强的经济时代背景下，人工智能技术正处于快速发展的阶段，它受到了社会各界的广泛关注，在各个领域的影响力也越来越大。不管在企业还是在机关事业单位，人事档案管理工作都是基础性工作。但是越是基层，它的重要程度就越高，而人事档案管理工作对于企业其他后续工作的顺利开展，显然都有不容忽视的作用。如果能够做好人事档案的管理，企业和事业单位就能够快速查找到人员，从而降低工作成本，提高工作效率。所以，在实践中，要充分运用目前正在飞速发展的人工智能技术，认识到它的优越性，从而推动人事档案工作向纵深发展。

人工智能是当今科技界的一个热门话题，其发展速度非常快，应用范围非常广泛。人工智能技术也正以其高效、便捷、及时的特点，在企业、事业单位的人事档案管理中逐渐显示出其重要性。运用人工智能技术，可以让人事档案管理工作在效率方面得到更大程度的提高，缩短人事档案管理人员在分类和收集等许多方面的整理时间，让档案资料的收集、归纳、分类和检索等各个方面的效率得到进一步的提高，这对评价人事档案资料的价值性和安全性都有很大的帮助，可以有效地降低有关

的运营成本，提高企事业单位的盈利能力。所以，企事业单位要想降低人事档案管理工作的成本，提高工作效率，就要利用人工智能技术，删繁就简，逐一细化，这是信息化时代背景下的一种趋势。

（一）人事档案管理中人工智能技术的优越性

1.档案资料查询更方便

在传统的人事档案管理模式中，一般都是以人工为主，因此，对信息进行检索的工作量很大，并且存在着很大的困难，在检索过程中会出现信息重复、错误等问题，这不利于单位的长远规划发展。而且随着各单位业务的持续发展，其人事档案的数量将会大幅度地增长，这给档案信息的搜索工作带来了更大的挑战。将人工智能技术应用于其中，可以对检索功能进行优化，在人工智能系统的帮助下，档案管理人员可以通过智能检索，有针对性地快速搜集所需的人事档案资料，为单位的战略性规划与长期发展提供可靠服务。

2.提高了对人事档案的利用率

人事档案是单位的重要数据来源，对它进行有效的管理，可以为单位的各项内部工作的顺利进行提供有力的保证，为制定改革方针提供可靠的数据支撑。同时，在单位的制度体系不断完善的过程中，人事档案可以明确工作的发展方向，并以客观的数据表现出来。但是，由于传统的人力资源管理系统中的数据内容太多，因此其在人力资源管理中的作用受到很大限制，人事档案数字化是一种新的发展方向。在人事档案管理工作中运用人工智能技术，创建一个档案数据库，将档案以电子形式显示，并与计算机技术相结合，构造一个智能识别系统，对以语音、视频等形式出现的人事档案进行识别和存储，从而使人事档案管理的数字化程度得到提高，降低人力和财力的投入力度，达到全面、立体的人事档案管理目的，从而推动人事档案管理工作的顺利进行，提高人事档案的利用率。

3.控制管理发生的错误

档案管理工作是一项严谨的工作，要求档案管理人员必须认真对待，但是在实际工作中，档案数据的遗漏和错误是无法避免的。将人工智能技术运用到人事档案管理中，可以有效地减少档案管理发生错误的概率。利用档案智能管理系统，档案管理人员能够实现对档案的智能化管理，在查阅档案的时候，能够快速地根据关键字找到相关的内容，从而缩短档案检索所需要的时间。运用人工智能技术，还可以改变传统的人工工作模式，利用以计算机技术为基础的智能档案管理系统，对人事档案进行查阅和归档，从而有效地避免档案查阅过程中可能造成的损失。

4.实现了系统的自动化

当前，我们国家已经步入了信息化社会，网络正在不断地渗透到人们的日常生产、生活中，而档案管理工作也在不断地被渗透。随着社会的发展，档案管理工作在不断地向网络化和数字化迈进，这一变化可以推动档案管理工作的自动化。在传统的档案管理工作中，不同的档案管理人员对档案的分类和管理有着不同的习惯，而以人工智能技术为基础建立的档案管理系统，能够根据统一的标准对档案进行分类和排序，再加上智能搜索技术，可以根据用户所输入的关键词快速查找到相关信息，并根据相关性进行精确排序。除此以外，在智能机器人语言处理系统持续优化的过程中，智能档案管理系统也可以实现机器学习功能。通过学习系统对用户的需求展开学习，分析用户对数据格式的偏好，并提供准确的反馈信息。档案管理人员可以依托该系统，实现人事档案的自动化管理，只需要定期进行核查，工作量显著减少。

（二）人事档案管理中的人工智能技术

1.智能分类与检索

将人工智能技术运用到人事档案管理中，可以将人事档案信息进行数字化处理，并以文本和多媒体的形式显示出来。利用智能管理系统对人事档案进行整理与分类时，智能系统会学习档案管理人员的分类方法，并对档案资料进行智能化的分类与整理，也可以抓取网络中的各类信息，选择适当的方式对档案进行分类管理。此外，智能检索功能还能够识别并处理不同形式的档案内容，包括语音、图片等，从而对档案信息进行精确筛选，并将其按对应的类别输入到档案管理系统中，有效地提高档案检索工作的效率。

2. 确保人事档案的保密

保障人事档案的安全是档案管理工作中最重要的一环，也是所有档案管理工作进行的先决条件，只有保障了档案的安全，才能为后续工作的开展奠定基础。将人工智能技术与人事档案管理工作相结合，就能够构建一个强大的安全系统。档案管理人员将声音和指纹输入系统中，后续只有在经过匹配后才能查看人事档案资料，从而有效地保障了人事档案的安全。随着国家科技的进步，还可以将人工智能监控系统运用到人事档案的安全管理中。这个系统能够对用户进行视频检查，一旦发现有安全隐患，就会根据预先设定的计划给管理人员发出警告，从而增强人事档案管理人员的安全意识。此外，还可以建立与之相对应的防火墙和入侵监测系统，对非法入侵档案管理系统的行为展开监控与拦截。在构建防火墙的过程中，将多种先进的计算机技术融合在一起，从而对人事档案数据展开有效的安全管理，并对网络病毒进行拦截。另外，该系统还可以与智能设备相连接，对档案储存室的温度、湿度进行调节，为传统的纸质档案提供一个良好的保存环境，防止由于外界因素而造成档案损坏或存期的缩短。

3. 对人事档案价值的精确评估

人事档案是一个单位的重要数据来源，它既有一定的真实性，又有一定的价值，所以它的价值也是评价管理水平的一个重要指标。在人事档案的价值评估中，人工智能技术可以为人力资源管理的发展提供很大的帮助和支撑。运用人工智能技术构建专家评估系统，可以通过学习海量的综合知识，模仿人的思维方式，发挥专家的作用，对已有的人事档案信息进行整理，提炼出其价值。在使用该体系对人事档案的价值进行评估的时候，不会受到诸如时间、地点和价格等外部因素的制约，从而可以快速准确地对人事档案的价值进行评估，并根据具体的情况提出一些行之有效的建议，为人事管理人员在以后的使用中提供一些可以借鉴和参考的信息。应当指出，使用人工智能技术建立的专家评估系统，在评估人事档案价值时，必须做到以下几点。第一，运用电脑程式技术，将人事档案价值评估的体系、方法及指标导入专家评估系统，收集许多与之有关的资料，作为智能化评估的依据；第二，要加强专家评估系统的培训，把个人档案评估过程录入评估系统，以保证评估过程能够按相关过程进行；第三，在利用此系统对人事档案进行评估的同时，还需要对评估结果进行随机抽样，以验证评估结果的正确性，并总结出系统的优点和不足之处，以此来不断地优化和完善专家评估系统，以保证专家评估系统能够从专业和科学的角度对人事档案进行评估，以增强该系统的易用性和便捷性，从根本上提高人事档案管理的效率和质量。

4.高效率地收集资料

传统的人事档案多为纸质档案，存在着存储空间大，不利于后期保存、查询等问题，同时又对存储温度、湿度等方面有很高的要求，一旦达不到要求，就会造成档案的寿命缩短甚至破坏。人工智能的出现，让很多传统工作都朝着自动化、无纸化的方向发展，档案管理工作也不例外。人工智能技术的应用，大大减少了人事档案管理工作的办公时间，提高了人事档案管理效率。档案工作人员采用扫描的方式，将原本的纸质档案进行数字化处理，并将其分类总结为数字档案，收集保存在硬盘或云端中。不但使储存更加方便，而且可以有效地提高档案搜集的效率。另外，利用人工智能技术的"学习"和"执行"的能力，在今后的工作中，将会有一种新的、更强的主动性和应变能力。

5.人事档案的移交和转递过程

人事档案的移交、转递只有在工作人员职务变动、人事调动等情形下才会进行，如果处理不得当，就会造成档案的损毁或遗失，所以，档案管理人员必须严格按照档案移交、转递的流程进行。在智能化技术的帮助下，档案管理人员可以把档案的移交程序录入智能化的管理系统中，从而减少工作量。在移交档案过程中，应确保档案内容的完整，并将档案的包装密封好。在人工智能的帮助下，移交程序可以在极大程度上提高工作效率，降低错误率。档案要由专门的人来取，绝对不能通过邮件发送或者由干部自己领取，以免档案作废。最后，当干部转任单位收到了档案，并进行了验收之后，要将签字盖章的回执及时寄到转出单位，从而完成档案的转移。借助人工智能技术，可以对人事档案移交、转递工作进行全程监控，一旦某一流程出现问题，档案智能管理系统会立即将档案异常情况上报并做出相应处理。可以说，在人事档案移交、转递工作中，能真正体现出人工智能技术的优势。

二、利用射频识别技术进行人事档案管理

（一）射频识别技术概述

1.射频识别技术的理论

射频识别（Radio Frequency Identification，RFID）技术是一种以电子标签为基础的无线射频技术，在不需要与特定对象发生机械或光学接触的情况下，利用无线电信号对特定对象进行识别，并对其进行读写和读取。

2.射频识别系统的构成

射频识别系统通常包括一个转发器，一个读写器，一个中央信息系统，一个天线。RFID技术的工作原理是：通过实时的数据交换、实时的更新，实现对电子标签所贴附的目标的管理。电子标签是一种贴附于被管理物体的表面，用于储存被管理物体的相关信息，在被读取者识别或将信息主动传送给读取者时，能够读取、修改或删除被管理物体的信息。该设备通过射频识别技术读取标签信息，并将其通过无线方式发送

给中央信息系统，然后按照中央信息系统的分析与管理指令，逆向地读取、修改或删除标签中的信息，为 RFID 系统提供了一种中间接口。中央信息系统是一个计算机平台，它可以对无线识别的信息进行分析、管理、传输、存储，并通过管理软件来实现人机交互，从而达到对管理对象的多种管理目的。在整个系统中，天线的作用是将无线电波传递出去。

3.利用 RFID 技术进行人事档案管理的优点

（1）人事档案的基本特征

人事档案具有综合性、现实性、真实性、动态性、流动性和机密性等特征，其立卷机构可相互独立，各档案间不存在必然的内部关系。对人事档案进行管理，就是要把每份人事档案都管好，不让资料错归、档案错架、档案损坏丢失等情况发生，确保档案资料一致、有序高效、去向清晰、保存安全。

（2）无线射频识别技术的优点

采用射频识别技术可实现"四个自动"，能够较好地达到人事档案管理的目的。

一是自动识别。利用物联网技术，通过设置在人事档案上的定位节点、设置在档案柜上的采集节点，对所需查找的档案进行自动定位引导（在电子地图上可显示对应档案的具体位置：几号柜、几行、几列等），充分提高档案查找效率，并可自动对拿出、收入档案柜中的档案进行识别，实现储位智能化管理。

二是库存的自动化。在人事档案进入档案柜之后，档案管理人员可以使用管理终端，对档案资料展开自动信息登记、档案清点、信息查询、资料归档等日常管理工作，查看档案自动盘点信息，并由系统自动进行相关的记录。

三是自动存取功能。有一种基于 RFID 的档案分批存入和取出的方法，通过对档案进行分批访问，从而达到分批访问的目的，从而提高了档案分批访问的效率。

四是自动化监测系统。在存放区的入口处，可以设置一个访问节点，使进入该区域的人能够通过身份验证，确保该区域中的人的身份，提高该区域中的安全。可以在人事档案上设定一个定位节点，在档案阅读过程中，利用 RSSI 定位模式，计算出档案的当前位置，从而判断档案是否被带走，如果档案的位置超出了可允许借阅的范围，就会发出警报，并将警报信息发送给管理终端和档案管理人员，帮助档案管理人员在第一时间采取相应的行动，从而提高档案管理的安全性。

4.应用于人事档案管理的 RFID 技术

（1）对人事档案进行分级管理

通过将天线模组嵌入档案柜中的设计方案，实现了对人事档案的动态监控，可以随时查看人事档案的在位状况，并能及时地发现人事档案错位等问题，从而使盘点工作变得更加简单。采取了在位数据采集方案，对档案袋和档案盒的组合管理应用模式进行了全面的考虑，使用了不同的读写器和天线，分别对档案袋和档案盒进行了采集，从而实现了对这两种组合管理的在位监控。

（2）打破目前 RFID 人事档案管理中的一个开放的、密集的货架模式

在人事档案中安装射频识别读写器和天线，以适应使用单位对涉密档案的特殊管理需求。

（3）打破传统人事档案地域管理模式的限制

以 RFID 为基础的快速扫描和大规模存储的人事档案管理，大大提高了档案管理人员在人事档案管理中的信息收集、交换、追踪和定位的能力。随着互联网技术的广泛应用，可以实现对不同地域的人事档案进行统一管理，建立人事档案信息平台，为跨地域的联合查询提供了可能，也是目前物联网档案管理的一个发展方向。

（4）对传统条形码的各种缺点进行了改进

与传统的条形码相比，RFID 由于使用了卷标芯片，所以它的抗污性和持久性都更好；此实用新型具有尺寸小、外形多变等特点，可用于各

种人事档案；此发明提供了一种可添加、可修改、可删除的卷标芯片，具有管理灵活、可重用性高的特点；芯片上的卷标资料，可以进行加密，使卷标资料具有唯一性、不可复制性，确保卷标资料不会被伪造，也不会被篡改，大大增强了卷标资料的保密性。

（二）将 RFID 技术应用于人事档案系统的研究

1.可以动态地改变标记数据

该方法采用了一种新的方法，通过编程程序将数据写入 RFID 标签中，使其具有交互便携式数据文件的能力，并且与传统的印刷条形码相比，该方法的写入时间更短。

2.加强安全措施

因为 RFID 是一种电子形式的资讯，它的资料内容可以受到密码的保护，所以它的资料内容很难被伪造和篡改。它既能嵌入或贴附于各种形状和种类的商品，又能对商品的读取和写入进行加密，因此它的安全性更高。

3.动态实时通信

标签与读写器之间的通信频率为 50~100 kHz，因此，只要被贴标签的对象进入读写器的有效识别区域，就能被实时跟踪监测。

4.可穿透的和不受阻挡的读取

当无线射频识别技术被遮蔽时，它可以穿透非金属材料，如纸、木头、塑料等，实现穿透式通信。而条形码扫描仪则需要在没有任何障碍物的近处，才能进行识别。

在人事档案管理中，采用无线传感器、无线射频等技术，将 RFID 技术引入人事档案管理中，基本上能够实现对人事档案原始资料的自动归档、自动查阅、定位监控等功能，从而极大地减少人事档案管理人员的工作量，降低其参与度，提高管理效率和信息化水平，加强人事档案的安全性。RFID 技术的应用，将使人事档案管理方式发生根本性的变化，使人事档案管理向信息化、智能化和精细化方向发展。

三、基于区块链技术的人事档案管理

将区块链技术应用于人事档案管理，可以进一步完善传统的人事档案管理模式，提高信息输入效率，促进数据管理模式的优化升级，完成数据处理环境的集成，进而提升人事档案管理的有效性。随着区块链技术在社会各个领域的探索和应用，它正逐渐取代传统的信任与合作方式，成为当前社会构建信用价值体系的优先选择。因此，分析区块链技术在人事档案管理中的具体应用具有重要意义。通过深入了解区块链技术的优缺点，应对人事档案管理可能存在的问题，合理利用区块链技术促进人事档案管理。随着区块链技术的持续发展，它对社会、经济和生活的各个方面都产生了影响，并引起了世界各国政府的高度重视。我国国家发改委也将区块链技术引入基础设施建设中。在档案管理中，有关区块链技术的研究和探索应用也在快速发展。当前的研究中，在区块链系统中采用非对称加密技术，所有区块链系统在运行时，用户拥有自己的保护密码，能够对档案数据中的一些重要敏感信息，以及需要保护的隐私机密档案做出有效的保护。另外，由于个人档案的管理牵扯到了个人的身份信息、工作经验等，所以它的私密性很强，因此，在个人档案的信息管理方面，采用区块链的哈希算法，能够保证档案中的信息不会受到任何的干扰，从而保证个人档案的保密性和安全性，并保证个人档案不会受到任何的修改和破坏。采用区块链技术来构建一个由多个节点组成的数据库，它所构建的数据库更加封闭，也更加完整，不需要进行统一管理，也没有多余的设备来组织构建。在数据库中的计算是不相关的，每一个节点之间都是相互独立的，通过事先确定好的计算公式来进行计算，从而使数据具有相关性，而不会对每一个节点本身产生影响。在此基础上，探讨区块链技术在人事档案管理系统中的应用。

（一）人事档案管理中使用区块链技术的必要性

在档案工作中，对个人档案进行管理，是一种对管理技术的运用与

突破。一方面，随着大数据时代的到来，档案的载体也从传统的纸本变为多种非结构性的电子化存储介质；另一方面，管理模式发生转变，人事档案管理在储存、收集、使用的过程中，运用区块链技术能够极大地提高工作效率，但同时也带来了一定的不确定性。在此基础上，以区块链技术为基础的人事档案管理系统，将工作流程贯穿于人事档案管理的全流程中。如果人事档案管理部门只收集记录着员工自身信息的数据，那么就会有大量的背景信息未被输入，这些缺失的信息就是信息的元数据。人事档案的整个管理流程，人事档案的内容架构和背景，都属于人事档案元数据，其目的是验证人事档案的真实性和完整性，可以将其作为证明。当前，元数据收集还存在着种类较多，数据格式较繁杂，管理层次、管理方法较分散等问题。在存档方式上，国家通常会使用比较普遍的"双套制"，即人事档案资料通常以纸本和电子形式存档。在利用过程中，人事档案具有携带方便、查找方便等优势，这是由于在互联网环境中，档案信息的用户控制既包含传统的档案用户，又包含不受控制的特殊用户，还包含从各个行业受益的复杂用途的对象，同时，这种利用环境也对人事档案的安全性提出了新的挑战。

（二）人事档案管理中使用区块链技术的困难

区块链技术在档案管理领域已经取得了一些成绩，存在着一定的稳定性，但这项技术并没有在实践中进行过多次试验，还需要进一步的研究和探索。归根结底，造成档案遗失的主要原因是将区块链技术整合到档案管理系统中。目前的技术手段对档案的管理存在着一定的局限与影响，从而导致了档案的精确性与可信性的下降。

此外，在实际的档案管理中，也没有利用区块链技术来解决数字档案的应用。利用区块链技术，可以对各种信息进行处理，能够更好地实现信息资源的共享。但是，因为缺乏比较完整的数据，因此，区块链技术的现实阅读环境，以及其他一些因素，都是导致人事档案不可读的原因，这就导致了人事档案中的信息减少，让档案失去了实用性。因此，如何将这些零散的技术进行整合，将这些技术融合在一起，也是一个很重要的问题。在人事档案信息管理中，区块链技术的运用，必须保证基础设施的完备和信息的专业化，否则，会浪费大量的资源。然而，区块链技术存在着许多问题，这些问题都会影响到区块链技术的全面推广。例如，在开发过程中，相关档案部门的资源会受到一定程度的限制，从而对区块链技术的开发产生不利影响，从而影响其推广和应用。基于区块链技术的档案管理在研究和探索过程中仍存在一些风险。目前，人事档案的开发和管理模式仍处于起步阶段，其工作过程将受到多种因素的影响。许多单位仍处于人事档案信息建设的初始阶段，缺乏基于区块链技术的专业档案管理。区块链技术本身主要依赖数字逻辑和网络中存在的逻辑来管理各种档案信息。但它也给档案带来了一些风险。因为，网络黑客可以扭转方式，入侵档案信息数据库。这就对该技术造成了一定的生态风险。为了保证网络环境的安全，应更加重视硬件、软件等基础设施。

（三）利用区块链技术进行人事档案管理

1.将人事档案根据不同的区块链中的数据对象进行分类

通常情况下，区块链技术会根据不同区块链中的数据对象进行分类，在管理中将人事档案分为三种类型：镜像类型、数字文档类型和资产证书类型。首先，那些没有出现在区块链上的电子档案，通常会以杂乱的方式存放在不同的位置，并将其归类为"镜像"，而"镜像"模块则是用来对员工的个人档案进行保护。但是，目前在区块链技术中，大部分的存取都是只存储哈希值，没有存储档案将会带来诸如效率等方面的问题。数字文档可以用区块链的方式存储在智能合同中，这种类型的文档只有一个数据文档的散列值。对于最后一个资产证书，代码就是被输入到一个文件中的资产的重要部分，它就是该文件的证书，而其他的文件目录数据以及哈希值则被保存在一个区块中。人事档案管理的复杂性和组织性取决于档案的凭证价值，为了确保档案存储的高安全性，采用区块链技术，提高档案管理的质量，能够实现精确、有效的管理。将区块链技术有效地融入档案管理和服务，使两项融合更加稳定，才能充分发挥其作用和意义。

2.基于区块链技术的人事档案分级管理

根据人事档案管理的实际情况，分析区块链技术的需求，并根据技术基础设施的需求，提出了区块链的分层人事档案管理框架层次。其中，数据层包含模块数据和其他相关网络数据，网络层包含 P2P 网络，数据安全验证包括人事档案管理各节点的共识机制。激励层包括文档管理和区块链运维机制，逻辑和算法代码为人事档案管理的自动执行过程提供支持，合同封装了各种可编程代码的业务，应用层管理人事档案的应用场景。

确定人员链条中的成员，包括人事档案、档案馆、企业组织、政府部门，是其中一个重要的议题。

对访问链数据进行确定，具体包括人员简历、业绩表、学历信息、学历证书、政治面貌等，以信息内容为依据，对范围期限进行设置，当主体浏览信息时，就可以获得访问的权限和范围。

人事档案部门以员工的日常工作业绩为依据，将其实时上传到区块链中，在各节点达成一致之后，将该信息进行记录，并一起进行维护，以保证该信息的真实性、可追溯性。

为档案资料自动解密时间，自动审核档案存取，自动认证档案等内容，当合约签署时，自动执行取得的权利，可以随时查询呼叫资料。

四、利用 QR 码技术进行人事档案管理

（一）QR 码技术浅析

二维码技术又被称为二维条码，常用的二维码是 QR Code，与传统的 Bar Code（条形码）相比，QR 可以存储更多的信息，还可以代表更多的数据类型。这项技术需要一种特殊的几何图案，按照一定的规则，以黑白两色的方式，记录数据和符号的信息。在编码过程中，巧妙地利用

了构成计算机内部逻辑基础的比特流的概念，用若干个与二进制相对应的几何图形来代表文字数值信息，并由图像输入装置或光电扫描装置自动识读，以实现信息自动处理。它与条形码技术有一定的共同之处：每一种编码都有自己独特的字符；每一个字符都占据一个特定的空间；具备某种验证功能；等等。此外，它还具有对不同行的信息进行自动识别的功能，并可以对图形旋转变化点进行处理。

（二）将 QR 码技术应用于人事档案管理的可能性

目前，二维码技术在各行各业都有了一定程度的普及，但是在人事档案管理领域，这项技术的应用还没有广泛到可以推广的地步，要想确定二维码技术在该领域的应用是否可行，就需要对下列几个影响因素进行分析。

第一，网络环境。随着互联网全球化的不断发展，互联网用户所占的比例以成倍的速度增加，其中，作为人们上网的主要手段之一的移动上网，已经逐渐成为人们最主要的上网手段。现在，在我国，4G 技术已经全面普及，5G 技术也在不断地发展，这给二维码技术的应用带来了良好的网络环境。

第二，社会背景。目前，我国正处在微时代的社会背景之下，智能手机的用户规模非常大，这为二维码技术在人事档案管理中的应用提供了一个更为坚实的社会基础。而且，有关资料表明，二维码在网络中文本、网址、下载等方面的应用拥有一定的技术支持基础，在这种情况下，将其运用到人事档案下载、借阅、调取等管理工作中，具有很高的可行性。

（三）将 QR 码技术应用于人事档案管理

1.将 QR 码技术应用于人事档案信息的推广

人事档案的建立，主要为档案主体在任职期间的晋升、职称评审、工龄确认、退休金领取等工作的开展提供数据信息，可以看出，档案管理工作的开展，对个人的发展起着至关重要的作用。但是，现在有些人并没有意识到这一点，有些人甚至认为这一工作是"无用"的，只有在需要的时候，才会去做。有关数据显示，有超过一半的人是在临近退休的时候才意识到有关档案的问题，而这个时候，需要对各种资料进行补充和改进，需要处理的事情非常复杂，这就极大地影响了人事档案的工作效率。在此基础上，将二维码技术应用于人事档案管理，用户可以直接使用手机扫描二维码，以增强他们对自己人事档案的理解。扫描操作结束后，用户可以通过二维码中设置的网站链接进入档案的官方网站，并通过访问该链接直接下载相关信息，以便阅读和理解。在微观时代的背景下，利用二维码技术可以建立具有时代特色的"便携式档案"，这也是提高人们的档案意识，提升达到人事档案目的的重要作用。

2. 将 QR 码技术应用于人事档案实体管理

在人事档案管理工作开展的过程中，二维码技术在实物档案管理中的应用，主要包括以下几点。

第一，档案数字化的管理。在标准的流程之下，档案馆在接收人事档案的时候，需要为每一份档案设定一个独特的制档编号，之后就可以根据这个编号来寻找档案。目前，国家尚未统一人事档案的建立标准，因此，不同单位对人事档案管理的建立规则并不相同。传统的档案号需要手写并输入计算机系统中，这不仅是对人力资源的浪费，而且不利于提高档案管理本身的信息开发水平。此时，如果充分利用二维码技术，可以一次性完成档案用户的各种信息归档号工作，并且档案号符合唯一性原则。

第二，记录定位装置的操作情况。通常，在进入记录库之前，将具体信息甚至存储位置输入管理系统，然后以档案外打印粘贴的形式记录档案信息，在查询档案时，档案管理人员可以使用仓库查询码读写器，准确查找档案坐标，可以提高档案号信息采集效率，提高档案存储速度。

3. 将 QR 码技术应用于人事管理的实践

在人事档案管理系统中，QR 码技术的应用重点有以下几点。

第一，应用于电子档案。就二维码技术自身来说，它具备加密特性，这一特性很好地满足了电子档案应用的保密性。在应用过程中，当档案馆接收到用户档案提交申请后，会针对用户的身份进行验证，验证完成并成功后，系统会自动为申请用户查询档案相关信息，并将信息内容发送给申请用户。

第二，应用于物理档案。利用二维码技术对档案进行管理后，借阅者可以直接通过二维码阅读器扫描二维码来完成在计算机系统上的借阅记录的登记工作，在进行档案调阅时，也可以利用二维码扫描的方式来迅速地找到档案在系统中的存放位置，从而让人事档案管理变得更加智能化。

4.在人事档案管理中使用 QR 码技术的困难

由于人事档案管理工作的自身特点，使其与二维码技术相结合比较困难。同时，将二维码技术运用到人事档案管理中，要求档案馆建立一个基于二维码技术的全新信息管理系统，并且该系统的主系统中还包括许多的子系统，这就要求在每个子系统中都放置一个二维码系统库，这在系统设计和实现方面都是比较困难的。对于上述难题，还有待于进一步的探索、研究与解决。

五、文字识别技术的在人事档案管理中的运用

计算机文字识别，也就是光学字符识别、OCR 识别，它是通过光学和电子信息技术，把印刷在或写在纸张上的文字提取出来，并将其转化为一种计算机可以接受、人类可以理解的形式。光学字符识别技术是一种重要的字符快速输入技术。

（一）文字识别技术研究进展

1.西文文字辨识技术研究进展

文字识别技术发展较早，技术也较成熟。早在 20 世纪 20 年代末，德国的科学家就首先申请了光学字符识别概念的专利权。为了把大量的

报纸、杂志、文件、单据等纸本资料，输入到电脑中，以便进行信息加工，西文文字的识别技术早在 20 世纪 50 年代就已经发展起来。随着计算机技术的快速发展，以及研究者们对西文文字的研究与改进，目前已经逐步深入各个领域。

2. 现代汉语中文文字识别研究进展

第一，研究了中文文字识别技术。汉字文字识别技术的研究起源于 20 世纪 60 年代，它是基于字母、数字的字体识别而展开的。60 年代中期，BIM 的员工首先出版了一份有关打印汉字的研究报告，其中他们使用了一种简单的模版比对方法，就能辨认出 1000 个打印汉字。自 20 世纪 70 年代起，日本学者们对汉字识别技术进行了大量的探索，并做出了不少创新，最有名的是由东芝综合研究院开发出的一套能识别 2000 个单独打印汉字的识别系统；日本武藏野电子研究院于 80 年代初开发出了一套能识别 2300 个汉字的计算机语音识别系统，这是汉文语音识别技术的巅峰之作。另外，日本富士和松下都有自己开发的汉字识别系统。从算法上看，大多数算法是以"K—L"为基础的，需要很多特殊的仪器，有些甚至可以媲美一台大型计算机，而且成本很高，因而没有被广泛应用。

自 20 世纪 80 年代中期起，印刷品的中文文字识别技术得到了广泛的应用，包括清华大学、中国科学院和沈阳自动化研究所在内的众多科研机构，都成功地实现了印刷品的中文 OCR 识别技术。其中，以清华大学电子工程学院研发的清华"TH-OCR"和北京汉王科技有限公司研发的"尚书 7 号"OCR 为代表，在 OCR 技术领域处于世界前列，用户数量最多，是今后中文 OCR 技术发展的主要方向。当前，印刷体中文文字识别技术已从单纯的文字识别，逐步向自动识别、自动输入的方向发展，并逐步开展了图像与文字的混合、多种语言的内容抽取、语义理解、各类卡片、票据、古籍的识别等工作。与之相关联的各种标识系统也相继出现，例如北京清华紫光文通信息技术有限公司的商务卡标识系统、惠普公司的显示屏上的字符图片标识系统等。这几种新型的汉字自动识别系统的问世，大大拓展了汉字中文自动识别的应用范围。

第二，研究了中文手写体识别系统。从信息获取的角度来看，中文笔迹识别可分为两类：一类是非联机中文笔迹识别，另一类是联机中文笔迹识别。联机中文笔迹识别是将书写人在网上通过实体装置进行输入而获得的汉字信息，并利用定时取样技术将其笔画序列实时录入到电脑中。非联机中文笔迹识别系统所要处理的手写汉字，是指由扫描装置、相机等拍摄装置获取的手写汉字图像。百度 OCR 技术近年来在检测、识别以及端到端三大核心技术上多次获得并保持全球领先地位，具有较为显著的领先优势。腾讯数平精确推荐小组开发出一套多视角汉字点对点抽取算法，可有效克服文字大小不一、形态千变万化以及检测算法对标准值敏感性差的难题，极大地提高了检测精度。

（二）人事档案管理中的文字识别技术

到目前为止，打印字识别技术已经实现了全面的实用化，对于较低像素的打印汉字，识别率超过 90%，其应用范围也越来越广，可以满足不同的使用者的需求，例如：①证件 OCR 识别：证件 OCR 识别最初是以 PC 端为基础的，近年来，它在移动终端上得到了应用，其中有安卓和苹果平台的 SDK，现在比较成熟的有驾照、行驶证、身份证、护照等。②文件 OCR 识别：这种技术以扫描为主，当前识别率也很高。而在移动端，OCR 技术在这两年里，已经有了很多成功的例子。③票据类 OCR 识别：该技术又称为要素识别技术，最早应用于金融业，主要在银行的后台有很好的应用。

（三）文字识别技术在实际中的应用

1.电子档案的自动分类

按照《干部人事档案工作条例》和中国共产党组织部的工作计划，将干部人事档案划分为十个主要类别，每一个类别又可划分为若干子类别，按类别、年代先后排序。采用文字识别技术的系统识别到标题中的关键字时，系统能够自动判定该页面内容属于哪一类，并按照生成时间对电子档案进行排序。档案工作人员会将文件夹中的内容扫描或者拍照，然后输入到系统中，一份完整的文件夹会自动生成，并可以打印出来。

2.自动更新干部任免和职称晋升

干部任免工作是各个单位人事组织部门的一项重要工作，采用了文字识别技术的系统在识别到任免文号、时间和任职情况后，会对干部的职务、单位、任职时间等信息进行自动更新。在职称提升过程中，系统还能对职称等级、职称等信息进行自动识别、更新。

3.自动输出名册报告

以文字识别技术为基础，输入的电子档案内容被保存在系统内部的数据库中。这个系统不仅能够存储档案，完成对一系列人事信息的抓取工作，而且能够以档案内容为基础，生成名册，对员工情况进行统计，并形成各类统计报告，为决策者和人力资源工作人员提供参考。这种功能在以前的人事管理系统中很普遍，而以文字识别技术为基础的系统，则可以很好地解决输入方面的难题，极大地缩短所需的工作时间，降低工作的难度。

4.薪酬审核的自动化联结

此外，该技术还能内置事业单位工资算法，根据学历、任免和职称等内容，计算出员工工资，降低计算错误率，并减少手工查档的步骤，大大提高工作效率。通过与财务系统的联结，工资的审核和发放工作实现了全流程机械化、制度化。

第三节　干部人事档案数字化建设

一、数字化技术在干部人事档案中的应用

根据党的十九大提出的全面从严治党的要求，以及习近平总书记对严格管理干部人事档案的重要指示，对各级各类干部人事档案进行数字化处理，从而建立一个具有统一标准的干部人事档案信息资源库，这样就可以更好地、科学地选拔、任用人才，从而使干部人事档案管理的科学化、信息化、规范化水平得到全面提高。

（一）干部人事档案的特征

1.真实性

每一份档案都必须具有真实性这一特性，而真实又是档案价值的基础和最根本的要求。干部人事档案在干部的使用、任免、监督方面起着十分重要的依据性作用，因此，要保证其内容的真实性和客观性，才能保证提供的建议的正确性。为此，我们应采取多种行之有效的措施，确保档案的真实性。

2.隐私保护

从档案的内容来看，其中包含档案人在各个阶段的各个方面的情况，如工作、学习、奖罚等，这些档案中不仅包含着个人的隐私，也可能包含着重要的组织秘密，有些信息甚至连档案人及其家人都没有权利知道，所以一定要确保档案的保密性。《干部人事档案工作条例》中有明文规定，必须严格保密，不能泄露工作秘密和国家秘密。所以，干部人事档案是不向公众公开的。干部人事档案是国家和党的机密，即便是档案管理人员，也不能擅自查阅。

189

3.动态

干部人事档案是动态发展的，它的动态主要体现在两个方面。其一，干部人事档案是能够反映一个人整体面貌的档案材料。随着干部的社会活动的持续开展，反映新信息的档案材料的数量也在不断增加，内容也在不断丰富，例如学历的提升、职务职级和职称的晋升、工作单位和岗位的变动、奖励与处分的情况、退休以及去世情况。其二是要将档案工作纳入工作岗位的管理中，使档案在干部的工作岗位变动等情况下，实现"人档统一""档随人走"。同时，还要不断地对档案材料进行更新，使档案所反映的情况与实际情况保持同步。因此，干部人事档案都有统一的装订方法，这也是为了便于资料的更新。

4.通用性

从某种意义上来说，干部人事档案是干部的一张完整的肖像，它记载了这个干部的德行、功绩、廉洁等方面的信息，它应该体现出这个干部的全貌和所有的履历，要做到"档如其人"。

（二）干部人事档案数字化的含义

《干部人事档案数字化技术规范》（GB/T 33870—2017）为我国各企事业单位提供了系统、全面、准确的管理信息系统。从其术语来看，干部人事档案数字化是利用扫描仪或数码相机等设备，对纸质档案进行数字化加工，将其转化为可存储在磁盘、光盘等存储介质上，并能被计算机识别，以数字方式构建出一种可信、可取和可用的数字图像或数字文本的处理过程。

干部人事档案数字化工作从实物档案开始，最终的结果就是建立一个数字档案资源库，这是干部人事档案管理现代化和信息化的一项重要基础工作。利用该数字档案资源库，能够对海量、复杂的档案进行有效的处理，为日常的干部管理工作提供全面的信息；它还能够对干部数据信息进行匹配，对干部画像、班子画像、班子结构、干部队伍等进行大数据分析，从而为领导干部的管理决策提供相关的数据服务。从这一点就可以看到，以数字方式构建出一种可信、可取、可用的档案信息，这是干部人事档案数字化工作对干部管理工作帮助的最可靠的保障，同时也是最重要的价值体现。

（三）实现干部人事档案数字化的目的

干部人事档案数字化是一项具有高度特殊性的工作，必须对中共中央、中共中央组织部以及其他有关部门发布的与干部人事档案工作有关的法律、法规和政策性业务文件了如指掌，对档案数字化的标准规范了如指掌，对档案成果的运用了如指掌，这样才能更好地推进干部人事档案管理的改革，促进干部人事档案管理的科学化、信息化、规范化，为干部的选任、管理和培训等工作提供强有力的支持。

1.制定人事档案数字化管理的规范和标准

在中共中央组织部、国家档案局、国家保密局发布的有关标准的指引下，对已有的标准进行整合，制定与干部人事档案管理、数字档案管理等工作有关的管理规范和标准。

2.建立数字人才库

根据《干部人事档案数字化技术规范》中提出的数字档案收集工作标准，高标准、高质量地建设数字档案资源库，使其在数字化过程中能有效地防止修改、伪造，确保档案的正确性。

3.对干部人事档案数字化管理平台和干部人事档案信息管理平台进行整合开发

以组织系统干部人事档案管理的业务需求为基础，运用先进的开发平台和开发技术，将干部人事档案数字化管理平台与干部人事档案信息管理平台进行整合，从而实现对档案信息和档案材料的收集、整理、保管、统计、查阅等日常动态工作的信息化管理。

（四）干部人事档案数字化工作的重点

1.对干部人事档案进行数字化收集

在实现由纸本向电子版转化的过程中，要达到《干部人事档案数字化技术规范》中的要求，并在此基础上提出了一种新的思路。采集流程包括：档案整理复核、目录建库、档案扫描、图像处理、高清处理、目录打印，并产生离线数据包，用于完成数字档案的转递和上报，档案接收单位可以将离线数据包导入系统中。

2.人事档案的数字化管理

在干部人事档案的日常管理中，需要保存三年二历信息、下属机构信息、人事类别信息、任免表、岗位变动信息、工资变动信息等。它可以通过转学、兼职工作、职位排名等方式进行管理。它可以接受纸质档案或电子档案传输。它具有接收、审核、入库、接收收据等功能。在接收档案时，可以导入数字档案的离线包，也可以打包数字档案的离线包。

3.对干部人事电子档案资料的检索

图书馆对档案资源的检索与利用要求既要有纸质的，也要有电子的。角色分为四个角色，分别是业务部门人员、业务部门领导、组织部干部、高层领导。组织部干部能够在权限范围内查看档案，而且能够对其他角色提交的查档申请进行审批；业务部门领导能够对档案进行查阅，而且能够对业务部门人员的申请进行审批；业务部门人员只能对档案进行查阅，而且必须在业务部门领导和组织部干部同意之后才能查阅；高层领导则可以在权限范围内查阅档案。

4.人事档案系统的安全性

管理平台必须符合加密传输的要求，也就是在传送或者存储的电脑和服务器上都采用加密的方法。遵循利用最少权限的原则，可以选取任何一部分的内容影像，让用户观看。同时，该平台还必须具备检查所扫描数据的完整性，以及检查所获取的影像数目的正确性等功能。该系统采用双机备的方式，一旦平台发生了故障，通过备份的数据，可以迅速地将其还原为未发生故障时的状态；数据还可以通过脱机备份进行还原。

（五）实现干部人事档案数字化的几个问题

1.档案资料的真实性和可信性是做好干部管理的根本

要对原始档案的完整性和规范性进行重新审核和整理，使材料的分类准确，排列有序；物料类别编号及页数填写正确；不能出现文字破损的资料，保证档案的纸面品质。对于某些有内容重叠的资料，可按其主要内容和使用目的进行分类。对于每一类的干部人事档案资料，必须按其形成的时间或内容之间的关系进行排序，并用编入的类号、顺序号和页数加以固定，以免出现遗漏的情况。

要保证电子档案与原始档案的一致性。对于数字化加工后形成的数字档案，在图像上要保留纸张颜色、污损及文字修改痕迹等原始信息，图像信息要与档案原件保持一致，图像数量要与档案原件的数量保持一致，图像的排列次序要与档案原件保持一致，图像与目录一一对应。在档案数字化工作期间，对于陆续收到的零散档案原件，要坚持将档案原件与数字档案一起维护、一起管理，确保数字档案与档案原件的一致性。

必须建立数字化档案质量自我检查和自我检验体系。对数字化工作流程进行科学的设计，在档案原件复核、扫描件初审、高清件复审三个阶段都设置一个审核关口，对数字化处理过程中的档案质量进行严格的控制。在流程管控中，要保证每一个扫描件的图像都是清晰、完整的，它的周围不能有任何的黑边，并且要有合适的留白，杜绝歪、斜、尺寸失真、曝光过度的图像进入数据库。通过数字化的手段，使档案资料具有可信度和质量，才能更好地恢复原始档案的面貌，为干部管理工作提供更多的信息。

2.提供灵活易用的数字化档案资料，作为辅助干部管理的一个切入点

要充分运用信息化技术手段，加快干部人事档案日常管理的信息化进程，推动干部人事档案从静态档案走向数字档案，从线下整理走向线上管理，实现档案资料的收集、鉴别、整理、保管、转递、统计、查阅等工作的科学化、规范化管理。

要进一步完善对其进行检索、查询、利用的方法，使其达到更高的层次。可以对档案信息的分类编号、条目著录、人员关系等信息进行结构化，设置必要的字段：岗位、学历、专业、职务级别、性别、民族、籍贯等，便于查找、检索和呈现。这样才能更科学、更合理地应用于干部的人才管理、评价、考核、分析运用。

为适应干部档案工作的改革，使其走上高效运作的轨道，档案数字化的应用，使档案在查阅和转递的过程中能够及时地在线查询，避免了档案的遗失；既能对干部实行"双档管理"，又能有效地预防"涂改造假"的现象；通过建立物联网，可以实现智能化档案库房管理，完成档案自动存取和查借阅功能，加快信息畅通、流转和应用，提高干部人事档案利用效率和干部管理工作的管理效率。

3. 为做好干部管理工作提供可靠的数字化档案资料

加强对数字档案的保护，保证档案数字化过程中记录的完整性和可查询性，防止档案中的影像资料被非法使用、篡改和销毁。按照《涉及国家秘密的计算机信息系统分级保护管理规范》（BMB 20—2007）中的规定，在系统的安全管理中，应用了"三权分离"的思想，实现了"三权分离"。三种角色各自独立，各自承担各自的职责，又互相牵制。保证档案管理权的合理配置与运用，防止"超级管理员"被滥用。

在数字化工作场所、工作人员、工作设备等方面，应建立起一套完善的安全保密制度。对干部人事工作的数字化现场和非密级的场所需求进行十分清楚的划分，并做出识别；非工作物件严禁携带出工作现场，并与纸质档案完全隔绝；非员工不能进入工作现场；数字化员工须签署安全保密协议，不得将所涉及的国家机密信息以任何形式泄露给外界；所有的数字化工作设备都应该确定密级，做好标记，登记备案，并且根据相关的保密条例来使用和管理。

二、促进干部人事档案数字化

随着大数据、云计算以及互联网、物联网技术的广泛应用，干部人事档案数字化已经成为一种符合新时代发展需求的管理趋势和一种选择模式。笔者认为，在促进干部人事档案数字化方面，其应发挥积极的作用。

（一）传统的档案载体得到了保存

传统的干部人事档案管理工作，主要依赖于纸质档案，在干部升迁工作中，往往要反复查询、复印、使用，这就给档案的载体带来了一定的损害。实施干部人事档案数字化，可以将对传统档案载体的损害降到最低限度，只需要对干部人事档案进行数字信息查询，并将其打印出来，就可以得到相应的数据，从而对传统档案载体进行有效的保护。

（二）改进了对干部的科学化评价

干部人事档案是动态的、真实的，是在组织选拔和检查过程中对干部的"道德、能力、绩效、诚信"进行客观评价的基础。利用专项人事档案管理软件，结合信息技术、大数据和云计算，在干部人事档案数字化后，可以有效地建立人事档案信息的纵向和横向连接。通过对干部人事档案中的数据信息进行分析，可以及时掌握区域、部门或个人的人事信息，为人事部门组织选择合适的人员提供了科学的参考，也为该部门引进短缺人才提供了第一手的信息支持。

（三）提高了对档案的使用效率

随着我国干部人事体制改革的不断深化，跨部门、跨行业、跨地区的人员流动越来越多，这就要求提高干部人事档案的使用效率。通过对干部人事档案进行数字化，可以有效地解决传统档案查询和利用效率低的问题，用户只需要在系统中输入关键词，就可以在最短的时间内得到自己想要的信息，这样就可以方便地向组织人事部门查询到自己想要的信息。

三、数字干部人事档案的限制

（一）不够先进

干部人事档案具有自己的特色，但受传统思想和技术等方面的限制，其数字化水平不高。尽管在干部人事档案管理中使用了计算机信息技术和专用的人事档案管理软件，但是还没有实现全面的数字化管理，特别是传统的、已经归档的纸质档案还没有实现数字化，干部人事档案数据库系统还不健全，数字化管理所需要的软硬件条件还很薄弱。

（二）缺乏专门人才

在组织中，干部人事档案主要由人事部门来负责，他们拥有很强的人事方面的专业特长，但是他们却没有档案理论方面相关的专业知识，特别是在数字化技术方面的运用上，缺少高素质、复合型的档案管理人才，这使得他们很难很好地适应新时代下干部人事档案数字化建设的实际需求。

（三）没有足够的安全性

在大数据环境下，干部人事档案的数字化将会遇到许多非传统的安全问题，如数据和档案的分离、人事档案的数据信息的真实性等。在系统崩溃、硬件损坏或者被病毒侵入时，保存在计算机中的数据和信息，对工作人员和工作人员的档案资料进行了保护，并对其保密工作提出了相应的建议。在数字化的基础上，提出了一种新的解决方案。

四、干部人事档案的数字化构建对策

（一）实现干部人事档案数字化管理的目标

1.进一步认识到干部人事档案数字化的重要性

首先，各级领导要对干部人事档案工作有正确的理解，并且要经常更新自己的档案工作理念。因此，要充分认识到人事档案工作的重要性，加强对人事档案工作的重视。其次，要提高档案工作人员的"荣誉感"，

并对其进行有效的激励；对于档案管理人员，要明确职责，并赋予其相应的权力，要逐步建立健全奖惩激励体系。对于在人事档案工作中做出杰出贡献的，要给予一定的物质奖励和精神上的表彰；对于疏忽大意的，要给予警告或惩罚。再次，要加强对人事档案管理的重视程度，为其提供优质的工作资源和工作环境，解决其后顾之忧，使其可以更好地投入工作。最后，要提高各级干部的档案意识。通过积极、全方位的宣传，广大干部群众充分了解人事档案的重要意义，树立正确的人事档案观念，在日常工作中严肃对待档案工作，杜绝一切违反档案管理规定的行为，营造良好的氛围，为今后的干部人事档案工作打下良好的基础。

2.对数字化装置进行及时的升级

首先，要更新干部人事档案的管理理念。要充分认识到，无论在优化干部管理工作方面，还是在提高政府行政效能方面，干部人事档案管理理念都有着无可替代的作用。有关领导应尽快摆脱传统的档案管理观念的束缚，对今后的工作要有清晰的认识，对其进行全面的关注。要在干部人事档案管理单位中，对干部人事档案数字化的重要性进行广泛宣传，营造人人参与、人人重视的数字化建设氛围，实现资源的合理分配，更好地推进干部人事档案的数字化。

其次，要充分认识到，建立数字档案不是一件一蹴而就的事情，要做好各项工作，尤其要有充足的经费保障。要推进干部人事档案的数字化，就必须提供专门的财务预算，并将其纳入统一的管理之中。

再次，中央财政应与国家目前正在大力推进的数字化建设纲要相结合，针对干部人事档案数字化管理，进行专项财政拨款，作为各地进行干部人事档案数字化管理的基础资金。同时，各地应根据自身条件，根据国家有关政策，拿出一些专项基金。另外，也要尽可能地拓宽融资渠道，比如通过科技创新等方式，筹集更多的资金。也唯有如此，才能确保资金的充足与稳定，才能为这种长远的项目提供可靠的保障。

最后，要合理运用资金，使资金的价值得到最大的体现。在干部人事档案数字化管理中，统筹安排资金的使用，确保硬件、软件、培训、管理等各方面资金投入的均衡，促进数字化管理的稳步发展。在资金使用方面，一定要做好年度预算，做到专款专用，才能最大限度地发挥资金的作用。还有，在经费的使用上，一定要建立一个健全的监管体系，才能确保经费的正确使用。

3. 加强对档案工作人员的政治素质的培养

干部人事档案数字化工作是一项极具政治性、保密性的工作，因此，对从事档案管理工作的人员，必须经过严格的选拔，其必须有良好的思想政治素质，对党忠诚，能严守机密。此外，档案管理工作是一项比较麻烦的工作，它的工作负荷也比较大，因此，档案管理人员必须细心、耐心、严谨，在工作过程中，要对各类档案进行准确的分类、有效的管理，不能出现任何的丢失和损坏，以保证每一个环节都是正确的。

整体而言，这是一件十分严肃的事情，因此，对工作人员的要求绝对不能放松，除了党员这一最基本的身份要求，职业道德和政治素质也是重要的条件。

第一，要增强数字化技能。新时代下，档案工作人员需要有很好的数字化技能，干部档案数字化管理，是指将现代信息技术、通信技术、网络技术等与传统档案管理相结合而产生的一种新的工作方式，将档案管理从过去的手工方式转变为电子方式，从过去的管理实体转变为管理数据。这就要求档案工作人员具有较高的数字素养，从而使其顺利地进行管理。这就需要档案工作人员既要有档案管理的技能和知识，又要对有关的法规有一定的了解，更要对各种计算机软件、硬件有一定的了解，这样才能在数字化环境下更好地开展工作。因此，提高档案工作人员的数字素养是很有必要的。

第二，要组建一支强大的档案管理队伍。档案工作的开展，离不开人才的培养，干部人事档案工作也不例外。人才的培养是一个长期的、经常性的工作，我们必须从长远的角度来考虑问题，并建立一个人才库。

要建立健全现代档案人才选择机制，制定现代档案人才选择标准，明确数字档案人才的范围，并将符合条件的人员纳入人才库；除招生和考试设置专业之外，还可通过选调和人才引进等途径，积极吸纳具有较高教育水平的档案专业的应届毕业生，补充人才储备。

（二）建立健全干部人事档案数字化制度

1.加强整体规划

目前干部人事档案数字化管理中存在的诸多问题，归根结底，与缺少宏观规划密切有关，从而造成许多地区数字化进展迟缓，而且不同地区的数字化成果存在着很大的差别。一个科学而又健全的顶层宏观设计，不仅有助于更好地完成资源的分配，还可以为具体的工作制订一个明确的目标，这对工作的有序展开是有利的。尤其是，从顶层对干部人事档案数字化的业务、服务、技术、管理等方面给出框架性的指示，这更有助于地方在开展工作的时候，明确工作的重点，从而一直在整体框架下进行工作，可以更好地保障工作的有序进行。为此，中央政府应加速顶层策略的制定，并对地方的工作进行有效的指导，特别是在使用制度、管理模式等方面提出统一的要求。省市主管单位应该在充分理解中央规划的精神的基础上，结合地方的具体情况，在遵循顶层设计的基础上，做出符合当地特点的调整，构建干部数字档案信息数据库及相关应用平台，从而更好地实现信息共享，以满足全面深化干部人事制度改革的需求。要有一种全面的观念，同时要注意与其他系统之间的相互作用和兼容性。同时，在前期的系统设计中，也应该考虑到后期的互连，为以后的工作打下良好的基础。

2.制定数字档案的强制性标准

因为没有一个统一的数字档案标准，因此，各个区域的干部人事档案数字化管理总是处于一种各自为政、放任自流的状态，这就导致了各个区域的数字档案格式不一样，系统不兼容，信息很难共享，档案也很难快速阅读。为此，要以《干部人事档案数字化技术规范》（GB/T

33870—2017）为参考，尽快制定一套强制性的标准，以解决不同地区之间的数字档案标准差异。统一的数字档案标准，对后续工作的开展具有十分重要的作用，针对数字档案的特点，结合组织人事部门的工作特点，制订一系列的数字档案的生成方法、处理要求、存储格式、存储介质、管理方式等方面的统一的规范和要求，并用具体的量化指标加以说明，为实现干部人事档案的数字化管理创造有利的条件。

数字档案的标准至少包括三大类：第一类是硬件标准，主要是指干部人事档案管理工作所需的办公环境和条件，各种硬件设施的基本要求。第二种是以软件的高效性、通用性和安全性为核心的软件开发规范。第三种是建立数据库，主要是建立档案的格式，建立档案的存储规则，建立数据库的参数，等等。在构建数字化管理系统时，不仅要以系统运行效率、便捷性、兼容性等为主要指标，还应该标准化设定数字对象标识、通信标准、字符标准、语言标准、信息编码标准等技术标准和技术参数。完全的标准化，不仅可以提高工作效率，还可以避免工作中的失误，从而促进档案数字化管理的深化。只有建立起一套科学的干部人事档案数字化标准体系，才能保证数字化管理在正确的轨道上运行，才能逐步实现制度化和规范化，从而为干部管理做出更大的贡献。

3.建立数字档案的合法身份

虽然目前我国已经从法律上对电子文件的有效性进行了界定，但是，像档案这种更重要、更有价值的文件，其法律地位仍需进一步明确。与传统的纸质档案相比，数字档案的特点决定了它对载体的依赖性，同时，它的展示也需要一定的条件，这就使得它的功能发挥受到了一定的限制。因此，建立数字档案的合法认证体系，对保证其合法身份具有十分重要的意义。首先，要强化政府层次上的立法，这是建立数字档案合法地位最基本的方法。在此基础上，提出建立电子档案数据库的必要性、可行性等问题。有关部门要继续加大研究力度，让数字档案拥有更广阔的法律功能，要不断地进行创新，寻求新的途径，寻求新的发展方向，并要用专门的法律来对数字档案进行明确的界定。其次，要加速建立数字档案的认证系统，使其在我国的影响越来越大。通过对数字档案的法律认证和法律认证手段的发展，在健全制度和安全、合法操作程序的前提下，生成的数字档案可以被应用到更多的社会事务中，从而更充分地发挥其价值与法律作用。最后，要继续加大对数字档案的宣传力度，使其为广大群众所熟知，促进数字档案的普及，并进一步加速数字档案的法治建设。

（三）加强对干部人事数字档案的前端管理

1.延长前期档案归档起始时间

档案资料真实是实现干部人事档案数字化的前提。前端控制是现代档案管理的一种重要的指导理念，因为它是档案的全生命周期中最关键的一个环节，可以对其进行系统的分析，并对管理过程的目标、要求和计划进行科学的梳理，为电子档案的全过程管理提供可靠的保障。笔者运用"前端控制"的思想，对干部人事档案的数字化进行了研究，并对干部人事档案的数字化进行了探讨。

在建立档案的过程中，应加强对档案的监管，防止档案的真实性、完整性和可用性受到影响。前端控制理论并不只适用于干部人事档案，因为档案被称作干部人事档案的时间点是在进入单位之后，这个时候，档案中的大多数资料已经形成多年了，如果没有经过数字化处理，这个过程中就会有很多的风险点。就目前高校干部人事档案所存资料而言，其入档起点为初级中学，必须从初级中学开始实行电子档案的数字化管理。未来，视工作需求，可扩展到小学，乃至从婴儿时期，建立伴随其一生的数字档案。

过去发生的档案问题，大部分都是由缺乏原始资料造成的。没有原始资料，就不能证明有关经历的真伪。即使是前去档案的形成单位，也因为时间太过久远而找不到，只依赖于有关当事人凭着记忆的人证，这种做法的主观性很强，而且会受人为因素的影响。很多档案伪造案件，都是由后期修改或更换原件造成的。数字化技术是解决这一问题的一个好方法。在档案材料形成之初，就立即对其进行数字化保存，即使在后期，纸质档案丢失或对纸质档案进行涂改，也不会对已经数字化的档案内容造成任何影响，而且数字化内容的保存期限也会大大延长，人事档案在学生时期的作用比较小，这对几十年后对档案材料的补充或对档案问题的追查都有很大帮助。

2. 将数字技术推广到干部人事档案资料的来源单位

从目前已有的干部人事档案资料来看，在义务教育阶段，学校、高校、企事业单位和政府部门是形成档案材料的主要单位。虽然政府部门在数字化技术上做得比较好，但是所形成的档案材料都属于工作后的资料，而不是前期资料。所以，应该重点加强对学校和其他档案材料形成单位的档案数字化技术的普及。

大部分学校的档案都达不到数字化的标准，或者说从来没有进行过档案数字化，还在用传统的纸质形式保存档案，不仅管理不到位，而且保存条件达不到标准，导致大量档案被破坏或丢失。档案管理工作本来就比较复杂，需要的人力比较多，而采用数字化就可以用计算机对数字化档案进行管理，这样，存储和管理档案都非常方便，可以大大提高工作效率，同时也可以有效保证档案的质量。

数字化技术的普及是干部人事档案数字化的关键，就当前而言，专门的档案管理部门的数字化技术尚不完善，其他单位更是如此，因此，在主要的档案资料制作单位中，普及数字化技术是当务之急。学校的档案观念淡薄，对学生档案缺乏足够的重视，通常只对学生的档案进行简单的装袋处理，而且只对学生在学校期间的档案进行归档，对其他的档案资料置之不理，而且学校也没有专门的归档设施。

推动数字化技术的普及，既要提高档案工作人员的数字化素质，又要降低数字化装备的"使用门槛"。档案的数字化建设，离不开信息技术与网络技术，所以，要把一大批档案进行数字化，并建立起一套专用的档案保存体系，是一项十分繁重的工作，在这个过程中，不仅要对档案进行管理，还要对档案进行日常的操作与维护，还要购买大量的设备来完成档案的输入与保存。国家应该站在大局的立场上，从档案工作的安全性和便利性的角度，制订相应的数字化技术普及计划，以保障档案的可持续发展。

3.实施有规律的培训

档案工作的标准化需要有一批高素质的人才，因此，对他们进行高层次的培训是十分必要的。我国档案数字化管理实施的时间并不长，就目前的阶段而言，仍处于起步阶段，许多档案管理人员在思想和能力上都还停留在传统的档案管理阶段，因此工作水平较低，这就造成了数字化管理的作用无法完全发挥出来。

（1）制订培训方案

首先，应制订高校档案工作人员的年度培训方案，确保其有足够的培训经费；要将有关的资源充分利用起来，发挥上级给予的培训机会的最大作用；要根据现实的工作需求，制订出一套健全的培训方案，其中包含长期、短期、专项和特色培训方案，并对培训的时间进行科学的规划，这样才能让对每一个工作人员的培训都有一个系统和持续的过程。

其次，要确保所有工作人员都能得到训练，无论是全职的档案管理人员，还是兼职的档案管理人员，都应该得到训练，并在训练中不断地提升自己的能力，从而达到改进工作方法的目的。最后，还应充分认识到档案管理员的自身需求，进而对档案管理人员的培训方案进行改进，使得培训可以更加切合工作人员的实际需求，达到更好的培训效果。

（2）培养方法的革新

首先，在训练过程中，不能一成不变地使用单一的训练方法。目前所使用的训练方法，主要是课堂上的集中化训练。要对培训方法进行创新，构建多元化的培训机制，将长短期培训结合起来，将课堂教学与实践教学结合起来，将专业能力与职业素养结合起来，可以取得更好的效果，还可以提高学生的学习积极性。

其次，加强团结协作。在档案数字化管理工作中，不可能只靠一个人单打独斗，要想把工作做得更好，就必须加强团队协作，因此，要在工作中加强团队协作，定期进行团队技能和经验的交流，对工作中遇到的困难进行头脑风暴，进行批评和自我批评等，以此来提高团队意识，在干部人事档案管理工作中，发挥出更大的作用。

最后，定期邀请相关的档案专家、其他单位的档案管理专家、第三方的档案管理专家等，进行交流，使管理者的思想和观念得到进一步的完善，从而提高管理者的管理水平。

（3）以数字管理培训为重点

首先，要提高档案工作人员对信息技术工作的重视程度，使其对信息技术工作的重视程度得到提高。据此，确定训练内容，选取适当的训练方法，使得档案管理人员既能提高其数字化技能，又能将其应用于实际工作中。

其次，要区别不同的培训侧重点，对于处于数字普及阶段的单位，要从基础的操作入手，着重培训他们的档案意识、数字档案的规范、数字系统和装备的使用等；对有一定基础的单位，要以技术升级、查漏补缺为培训重点，进行专题性的培训。

最后，培养数字人才，可以通过继续教育等方式，对数字人才进行二次培养，培养相应的数字人才；此外，还可以采用主题培训和专题讲座的方式，普及数字化管理知识，让数字人才对档案管理软件的应用进行学习，并利用各种学习来适应工作需求，利用现代管理手段来开发人员的档案信息，从而培养出一支优秀的数字化管理团队。

（四）推动数字档案管理体系的改进和成果的运用

1.提高数字档案的安全性和保密性

要使数字档案管理发挥最大的作用，就必须保证其信息安全。本书主要从数据安全、系统安全、网络安全、用户安全四个方面对干部人事档案的安全性进行了研究。干部人事档案数字化管理系统将大量的数据存储在云存储平台或本地服务器上，是为了保证这些数据的绝对安全，防止被伪造、篡改、丢失，因此需要具有较强的安全保障能力，并构建一套先进的数字安全保障体系。

一是要加强各类安保手段的运用。例如，利用信息加密技术、数据备份技术，对信息进行有效保护，防止被攻击造成损失或改变；除此以外，还可以进行安全漏洞测试，针对档案的使用，构建一份监控日志，并利用高级的防火墙技术、病毒拦截技术，使该系统可以尽可能地与外部网络构建起一道有效的安全屏障。另外，要及时更新杀毒软件和病毒库，定期进行病毒查杀，消除隐患，提高网络的安全性。在档案的管理与利用方面，引入新的身份验证技术，如人脸识别技术，将不相干的人最大限度地排除在外。另外，还必须确保存储档案的载体、计算机等都有一个良好的环境。

二是要严格执行干部人事档案的安全保密规定，并要尽快制定《干部人事档案数字化管理办法》，使干部人事档案数字化管理工作更加完善。要求档案管理人员始终把安全和保密作为工作的最根本要求，加强宣传，不断增强责任意识。要建立健全评价体系，明确各岗位的职责，对工作中出现的不安全现象，要及时提醒，并予以惩罚。不能拍照，不能在网上散播机密档案，要时刻遵守规定，不能为了方便而违反规定。另外，目前各地在数字化管理中，经常会有外包的情况，这就要求在外包的同时，更要做好监管工作。要选择优秀的外包供应商，并对外包供应商的操作进行密切的监控，排除所有的安全隐患，认真做好前期审查、中期检查、后期核查的工作，确保数字化建设外包过程中的档案信息的安全性。

2.推进干部人事档案数字化，为干部管理提供宏观决策

干部人事档案的数字化，从根本上说就是要服务于组织人事工作、干部工作，为干部队伍的建设提供保障与支撑。在过去的工作中，干部

的调整都是通过五个人的商议来进行的，存在着很多的人为因素，会造成对符合岗位需要的优秀干部的忽略，进而影响到他们的工作积极性。在干部人事档案数字化系统建成之后，其能够与干部管理系统相连接，对干部的状况进行深入的分析，进而对干部做出更为全面的评估，避免了只看其与领导之间的关系是否密切而决定是否对其进行重用的现象。在干部信息构成了名册之后，系统会对干部信息进行自动的统计和分析，其中包含干部队伍构成、"女少非（女性、少数民族、非党）"、行政职位分布、职务职级、年龄结构和学历背景等内容。另外，还有今年增加的主要途径以及今年削减的主要方向等。

借由这些资料的系统性分析，能快速找到问题并加以修正，使我们能更全面地了解当地的干部状况。此外，通过系统，还可以对干部队伍发展进行有效的预测，例如，可以对 5 年后、10 年后的干部队伍组成进行预测，进而为后备干部的培养指明正确的方向。通过预测，我们可以了解到在今后一定时期内，干部队伍的年龄构成是否趋于合理，有无必要进行调整、改革，等等。另外，还可以从性别结构、学历结构等方面进行分析，这对提高干部队伍素质具有重要的现实意义。在此基础上，提出了一种新的人才培养方案，并对人才培养方案进行了研究。

3. 对数字档案进行分级存取的策略

它既是对干部进行管理的一种服务，又是实现档案数字化的一种手段。在此过程中，要明确档案数据共享的权责，明确数字管理系统中各级、各部门和管理者的共享范围和权限，对不同的主体赋予不同的共享权限和范围。

一是对进入的程序进行严格的规范。干部人事档案管理是在分级管理的基础上，要严格按照程序要求，例如市直单位干部管理部门，因工作需要要查询本单位的处级领导信息，要先向市委组织部提出申请，申请通过后，才能通过系统进行查询。

二是分类经营。不同层次的部门的管理权限也不一样。例如，县级干部的人事档案，只有县级干部管理部门才能进行查阅；与此相对应的是，科级及以下的干部的人事档案，只能通过县（市、区）级干部管理部门进行查询，不得超越其级别进行查询。

三是针对不同类型的数据资料，分别设定相应的保密等级。比如，可以将出生日期、工作时间、学历、职位、奖惩经历等信息设定为一级数据，并与政务公开相结合，进行适度的公开，以满足普通群众对干部人事档案信息公开的需求。个人简历、家人信息等资料设定为二级资料，可供各单位之间的人员信息共享；其他详细资料，设定为三级资料，仅在该单位的组织人事处保存。

参考文献

[1] 贾文溪 . 中国档案标准体系研究 [D]. 沈阳：辽宁大学，2014.

[2] 麦绿波 . 标准的编制和研制 [J]. 中国标准化，2013（6）:57-61.

[3] 包海峰 , 彭桢 , 徐泺燚，等 . 档案元数据标准比较研究 [J]. 档案与建设 ,2014（2）:19-23.

[4] 杜琳琳 , 郝晨辉 .《数字档案信息输出到缩微胶片上的技术规范》简介 [J]. 中国档案 ,2010（10）:62-63.

[5] 国家档案局 . 纸质档案数字化规范 [Z].2017.

[6] 聂云霞 . 公共文化服务视阈下数字档案文化资源整合的问题与策略 [J]. 兰台世界，2017（9）:15-20.

[7] María Mata Caravaca. LEARNING AND NETWORKING: PRESERVATION PLANNING FOR AUDIOVISUAL COLLECTIONS[R].Rome,Italy: ICCROM,2014.

[8] Catt Baum. Protect and Enable: Opening up The National Archives.[R]. UK: National Archives of the UK,2014.

[9] Andrea Mannocci. The Europeana Network of Ancient Greek and Latin Epigraphy Data Infrastructure[R].Pisa,Italy: Consiglio Nazionaledelle Ricerche Istituto di Scienza e Tecnologiedell' Informazione "A. Faedo" ,2014.

[10] 李广建，汪语宇，张丽 . 数字资源整合的实现机制及关键技术——对国外数字资源整合系统的实证研究 [J]. 中国图书馆学报，2007（2）：75-80.

[11] 黄文忠 . 数字图书馆的知识服务机制研究 [J]. 大家，2010（3）：192-193.

[12] 郑博 . 我国档案众包实现研究 [D]. 保定：河北大学，2017.

[13] 谢晓萍，胡燕 . 国外"档案众包"项目及启示 [J]. 档案天地，2015（9）：48-51.

[14] Kate Theimer. What Is the Meaning of Archives 2.0?[J]. The American Archivist，2011，74（1）：58-68.

[15] 高敏，宁玉文 .MOOC 学习平台用户响应时间优化策略研究——以陕西省高等教育 MOOC 中心平台为例 [J]. 中国教育信息化，2018（4）：18-24.

[16] 陈建龙 . 信息服务模式研究 [J]. 北京大学学报（哲学社会科学版），2003,40（3）:124-132.

[17] 杨智勇，周枫 . 面向智慧城市的档案信息服务模式探究 [J]. 档案学通讯,2016（4）：44-49.

[18] 严栋 . 基于物联网的智慧图书馆 [J]. 图书馆学刊,2010（7）:8-10.

[19] 冯惠玲 . 拓展职能——"夹缝时代"档案职业的生存之策 [A].21 世纪的社会记忆——中国首届档案学博士论坛论文集 [C]. 北京：中国人民大学出版社 ,2001:109.

[20] 张斌，郝琦，魏扣 . 基于档案知识库的档案知识服务研究 [J]. 档案学通讯,2016（3）:51-58.

[21] 李贝 . 区块链技术在高校档案管理中的应用优势与路径 [J]. 信息记录材料,2022,23（4）:139-141.

[22] 刘骅 . 区块链技术在铁路档案管理工作中的应用现状与前景展望 [J]. 黑龙江档案 ,2021（3）:244-245.

[23] 于欢欢 , 程慧平 . 区块链技术在国内电子档案管理中的应用研究 述评 [J]. 档案与建设 ,2021（5）:27-33.

[24] 李科利 , 邓晴 . 论人才流动多元化背景下人事档案的管理困境与 区块链应对 [J]/OL. 四川行政学院学报 ,2021（4）:35-43.

[25] 张肖会，宋峥嵘，熊鹰，等 . 二维码技术在科技档案管理中的应 用研究 [J]. 天津科技，2019,46（4）： 64 -66.

[26] 段妍君 . 现代教学档案管理技术研究——基于二维码技术的管理 手段 [J]. 电脑知识与技术，2019,15（32）： 212 -213，235.

[27] 樊杰 . 二维码技术在广播电视台档案管理中的应用对策 [J]. 传媒 论坛，2019,2（17）:127-128.

[28] 曲杰 . 新技术在事业单位人事档案管理中的应用研究 [J]. 兰台内 外，2019（27）:63 -64.

[29] 畅育超 . 人事档案管理系统的设计与实现 [J]. 电脑编程技巧与维 护 ,2013（3）:43-49.

[30] 沈玉瑾 . 电子文件前端控制模式与传统管理模式的区别 [J]. 科技 资讯 ,2019（29）:82-83.

[31] 王志梅 . 改变传统档案管理模式普及信息化管理技术 [J]. 吉林农 业 ,2017（24）:103.